韩国 Korea

旅行助手

无微不至的旅行管家

《出境旅行助手》编辑部　编著

北京·旅游教育出版社

写在前面 FOREWO

旅行是一种体验,也是一种记忆。

背上行囊,开始远行。书在包中,包在肩上,路在脚下。

出境旅行助手丛书,是实现旅行梦想的工具,是答疑解惑的管家,是收藏记忆的百宝箱。我们以碎片化、图表化的结构,将旅行中可能会遇到的各种问题,直观呈现解决方案,让读者能在最短的时间内,规划出属于自己独一无二的行程,完成一次美好的旅行。

作为旅行助手,我们为您提供了最实用的旅行问题解决方案,随时静候查询:

—— 如何办理护照与签证?
—— 怎样订机票最便宜?
—— 如何解决目的地住宿?
—— 境外刷卡有什么要求?
—— 在境外如何打电话?
—— 出发时要带什么行李?
—— 如何从机场前往市区?
—— 哪些 APP 最实用?
—— 遇到了意外情况怎么办?

作为贴心管家,我们为您做出了科学的行程规划,吃住行游购娱,样样精心安排:

—— 吃什么最地道?
—— 住哪里最合适?
—— 怎样出行最便捷?
—— 去哪玩最经典?
—— 买什么最实惠?
—— 玩什么最尽兴?

凡此种种,对于一个出境游经验不甚丰富的人来说,都是迫切需要解决的问题。

我们还以"过来人经验谈"的形式,晒出了数十位旅游达人的亲身体验,以期更加深入地与读者分享旅途中的点点滴滴……

说走就走,是旅行的号角;充分准备,是旅行的保障。著名作家王小波曾经说过:"当一切都开始了以后,这世界上再没有什么可怕的事。"Lonely Planet 创始人托尼·惠勒也曾说过:"当你下定决心准备出发时,最困难的时刻就已经过去了。"

亲爱的读者,还在等什么?快把我装在包中,一起出发吧!

PS 本书写了什么?

中韩友好由来已久,地理靠近,文化同源,近年来韩国文化和时尚潮流在中国极具人气,使得韩国成为国人的热门旅游目的地国。《韩国旅行助手》浓墨重彩地介绍了"去韩国要做的 9 件事""4 大步骤详解出入境""吃货教你吃韩国料理""韩国扫货必备攻略"等内容。从行前准备到游玩攻略,从出入境到机票预订、酒店预订、国铁预订等,事无巨细地进行了梳理,给出特色旅行线路,帮助读者打造专属行程,是国内游客前往韩国旅行的专业助手和贴心管家。

公共场合要得体

1

> 过来人经验谈

重拾旧时光·男·与家人一起的旅行才是真正的旅行

在尚未前往韩国旅游的时候,就已经因工作结识了几个韩国朋友,从他们平日的举止里,我已经深深感受到了韩国是一个极其注重礼仪的国家。所以,在韩国旅游时,我是小心再小心,谨慎再谨慎,有的朋友说大可不必这样,但我仍觉得虽然自己麻烦点,但到了国外,我代表的就是中国人的素质,出门在外总不能给国家丢脸。

心野路子宽·男·去看看前面我不了解的那个世界

我是个好交朋友的人,去韩国旅行也是和一群朋友去的,走在韩国的马路上总是格外引人注目,刚开始还以为是因为我们中间有帅哥呢。后来才发现,我们的队伍太大了,或多或少会影响到周边人的出行。想来实在惭愧啊,希望其他朋友千万不要像我一样,影响了他人出行,还全然不知。

韩国旅行特别提示

回首月落处·女·从历史深处观景

　　韩国旅行中我最引以为傲的事情,就是在出发前准备了十多双漂亮、干净的袜子。觉得骄傲的原因,并不是因为袜子有多漂亮,而是受到了韩国朋友的赞赏,他们说,我为一次家庭拜访特别准备了袜子,让他们觉得自己很受重视。诚然,在韩国无论是参观景点还是吃饭,动不动就要脱鞋,一双漂亮又干净的袜子,不仅是个人素质的体现,更是对当地习惯与民俗的尊重。

 管家提示

1. 公共场合不要大声喧哗;
2. 吃饭时如果需要接电话、上厕所等,应与同桌吃饭的人打个招呼再离开;
3. 如果被邀请去韩国人家里做客,按习惯要带一束鲜花或一份小礼物;
4. 不要当着赠送者的面把礼物打开;
5. 进到室内,要把鞋子脱下留在门口。

与人相处要和善

2

 过来人经验谈

 心野路子宽 · 男 · 去看看前面我不了解的那个世界

在韩国旅行的时候是自助游,很多时候免不了要问路,问得多了,就总结出经验来了。在韩国问路的时候,一定要面带微笑,要不然你说的话再客气,人家听不懂也不会搭理你,要是面带微笑再稍微鞠个躬,一般情况下都会受到极好的待遇。我们就不止一次被当地人直接带到目的地,如此热情的回应是与自己最初问路时的微笑分不开的。

 小黄人 · 男 · 父亲的肩膀是最美的翅膀

去韩国坐的是大韩航空的飞机,空姐是真的漂亮啊。不过与朋友讨论了之后,得出的结论是很有可能为"人造美女",即便是"人造"的也无妨,依旧十分养眼。特别是服务时的灿烂笑容和轻声细语,足够把人的心都融化了。要是能大方地跟空姐说一句"闹木耶波(너무예쁘,非常漂亮)",除了能得到一句谢谢和一个略微害羞的表情外,说不定还能在旅途中享受到优待呢。总之,多多赞美别人总是没错的。

 匆匆年少·女·来去总是太匆匆

  在韩国旅游的时候，如果不会讲韩语，就不要勉强自己讲了，毕竟韩语中的敬语什么的好复杂，如果不懂，闹出笑话还是小事，万一说了什么不受别人待见的话，生出误会反而不好了。但是一句"康桑密达（谢谢）"即便是多说也没错的，放心大胆地说吧。

 管家提示

  韩国人初次见面时，经常交换名片。他们注重服饰，男子一般穿西装、系领带。很多人养成了通报姓氏的习惯，并与"先生"等敬称连用。韩国人不轻易流露自己的感情，不在公共场所大声说笑。特别是比较传统的韩国女性在笑的时候还用手帕捂着嘴，防止出声失礼。在韩国，女性十分尊重男性，同辈在双方见面的时候，女性总会先向男性行鞠躬礼、致意问候。男女同坐的时候，往往也是男性坐在主座，女性坐在客座。

日常行为需注意

 过来人经验谈

 重拾旧时光·男·与家人一起的旅行才是真正的旅行

在韩国吃饭时有很多讲究,如果是在西式的餐厅倒还好,要是到了韩国风格的餐厅,光是盘腿打坐这一项,就够受的了。跟几个韩国朋友一起吃饭的时候,我是一会儿一个姿势,而他们在吃饭的两个多小时里,双腿几乎纹丝不动,不得不佩服啊。我的腿如果十几分钟不动弹就已经麻木了,虽然知道动来动去不太礼貌,可是不动实在是太难受了。好在朋友们也没有怪罪于我。看来下次再去的时候,一定要提前练习一番才行啊。

另外,无论是夹的菜,还是舀在勺子里的汤要一口吃干净;不能把筷子插到饭碗里,敬酒的时候要用两只手端起酒杯等,这些都与我们平时的生活习惯没有太大的差异,只要稍加注意就行了。

心野路子宽·男·去看看前面我不了解的那个世界

在韩国住的是韩屋是类似于国内四合院样式的房子,我们住的那一家设施不太齐全,各个屋子的隔音也不太好,但还是能够感受到韩国的文化气息,仿佛自己已经在韩国生活了很久一样。不过晚上不得不到院子里的公共卫生间上厕所时,就没那么开心了。

 小黄人·男·父亲的肩膀是最美的翅膀

韩国的公共交通十分发达,当地人在公共场所很守规矩,素质很高。我带孩子去旅行的时候,受到了不少特殊待遇。带孩子乘坐公交车的时候,很少需要别人给我们让座位,因为特殊座位上基本不会有人去坐,带着孩子上车后,直接坐在那里就行了。这一点,在旅途中确实给我们提供了不少方便。

 米粒儿·女·90后 旅行狂人

经常在外旅行,养成了在背包里装一卷垃圾袋的习惯,到了韩国还真是派上了用场。在韩国,特别是首尔,想要找一个垃圾桶,几乎比登天还难。所以在韩国随身带着垃圾袋极其重要。千万不要随手乱扔垃圾,被抓到是要交罚款的!如果不习惯随身带垃圾袋,街边的便利店、小餐馆可能有垃圾桶可以扔垃圾,但最好是带回酒店处理。

 管家提示

1. 在用餐时不宜把勺子或筷子插在饭碗里,因为在韩国习俗中,只有在祭礼时才会把勺子和筷子插在饭碗里;
2. 不用食指指人,这在韩国是非常无礼的行为,必须用手指指示方向时,可掌心侧向上进行;
3. 不能随便直呼长辈的姓名,对韩国人来说,除了非常亲近的关系,叫他人的姓名是无礼的行为;
4. 不能用一只手递出或接受物品,尤其是对长辈时,韩国人认为这种行为不雅观;
5. 忌讳用红色写人名,在韩国只有在写已故人的名字时才使用红色,所以应注意。

景点观光要知礼 4

 重拾旧时光 · 男 · 与家人一起的旅行才是真正的旅行

韩国与中国的文化同宗同源,在历史文化的认识上可能会与我们有一些冲突,端午祭的申遗就是最好的例子。不过旅游就是为了了解、为了休闲的,在旅行途中如果听到、看到与自己的认识相冲突的事情,大可不必理会,一笑而过,切不可与人争论,甚至大动干戈。

 心野路子宽 · 男 · 去看看前面我不了解的那个世界

在韩国景福宫等历史场所参观的时候,如果有讲解员带队,一定要听从讲解员的安排,不要自己随便乱逛。由于韩国文化与中国文化的相似性,韩国不少的历史建筑都与国内明清时期的建筑类似,但是仍然有韩国文化蕴含在内,能在参观过程中慢慢了解到。在参观青瓦台的时候,不要大声喧哗,听从工作人员指挥,如果同行的有韩国游客,要对其所表现出来的自豪感充分尊重。

 回首月落处 · 女 · 从历史深处观景

韩国人对自己的国家十分热爱,有时候这种热爱甚至有点偏执的倾向,所以在游览的过程中,一定要尊重韩国的历史文化,特别是在世宗大王像前看到"四大发明"的时候,不要过于惊讶。对于韩国的历史人物也一定要足够尊重,否则会引起不必要的误会,像世宗大王——韩国历史上的一代明君,他在韩国人心目中的地位比康熙大帝、汉武大帝在中国人心目中的地位还高。李舜臣——韩国一代名将,抗倭功臣,在鸣梁大捷和闲山岛大捷中都立下了汗马功劳,他还发明了"龟船"这种在当时属于高科技的战船。总之,韩国历史名人在韩国人心目中地位都很高,在旅游时要对他们充分尊重。

 管家提示

出门在外,旅行途中,充分尊重当地的文化与民俗是游客们要做到的最基本的事项。深入了解韩国文化在拓展知识面的同时,也会使自己的韩国之行更有意义。

世宗大王铜像

目录 CONTENTS

亮点　4大特色抢鲜读
- 18　NO.1 微信互动
- 18　NO.2 过来人经验谈
- 18　NO.3 速查速知
- 18　NO.3 管家提示

游季　韩国四季旅行月历
- 19　春季
- 20　夏季
- 21　秋季
- 23　冬季

体验　4大玩法必体验
- 24　NO.1 感受传统文化
- 24　NO.2 品味多样美食
- 25　NO.3 尽情疯狂购物
- 25　NO.4 追寻剧中风景

导读　6条线路玩转韩国
- 26　畅游首尔周边
- 32　纵观韩国全景
- 41　韩国特色游线路

Part 1
去韩国要做的9件事

NO.1　搞定护照与签证
- 46　过来人经验谈
- 46　认识普通护照
- 47　熟知护照办理流程
- 47　掌握签证分类
- 48　轻松化解签证难题
- 54　熟知签证办理流程
- 55　找机构代办省时省心
- 56　管家提示

NO.2　制订翔实的旅行计划
- 57　过来人经验谈
- 58　查找相关资料
- 59　确定旅行方式
- 60　挑选适合城市
- 61　做出旅行预算
- 62　打印行程安排
- 62　管家提示

NO.3　机票到手，说走就走
- 63　过来人经验谈
- 64　常用的机票预订网
- 64　提供直飞韩国航班的航空公司
- 65　购买廉价机票小策略
- 66　机票预订不可忽略的事
- 66　图解韩国机票预订流程
- 69　管家提示

NO.4　订酒店就这样简单
- 70　过来人经验谈
- 70　韩国常见的住宿类型
- 72　最常用的酒店预订网站

72	酒店预订不可忽略的事
72	**管家提示**

NO.5　有钱没钱都别任性
73	**过来人经验谈**
74	哪些银行卡在韩国能用
74	如何在韩国使用信用卡
75	支持韩元兑换的银行
76	带多少韩元现金合适
76	**管家提示**

NO.6　让行李乖乖听话
77	**过来人经验谈**
78	必备行李
78	做个行李备忘录
79	**管家提示**

NO.7　随时随地能联系
80	**过来人经验谈**
81	方便快捷的国际漫游
83	巧用免费网络
84	租赁韩国手机
85	教亲人如何与你联系
85	**管家提示**

NO.8　用保险为旅行护航
86	**过来人经验谈**
86	哪些保险公司靠谱
87	花小钱换大保障
87	**管家提示**

NO.9　提前下载 APP
88	**过来人经验谈**
88	找路用谷歌地图
89	旅游用猫途鹰
89	订房看 Booking
89	玩转韩国用官方指南
90	首尔必备 iTourSeoul
90	韩国出行坐地铁
90	玩转韩国很轻松
91	交流就靠翻译官
91	**管家提示**

Part 2
4 大步骤详解出入境

NO.1　从中国出境
94	**过来人经验谈**
94	为何提早去机场
95	出入境登记卡
95	一图看懂报关卡
97	**管家提示**

NO.2　入境韩国别慌张
98	**过来人经验谈**
99	入境审查不要紧张
99	行李领取不出错
100	如何顺利出关
100	如何适应韩国时间
100	**管家提示**

NO.3　从机场前往市区
101	**过来人经验谈**
101	从仁川国际机场前往市区
103	从金浦国际机场前往市区
104	从济州国际机场前往市区
105	**管家提示**

NO.4　从韩国安全离境那些事
106	**过来人经验谈**
107	办理离境手续
107	离境检查
108	托运行李
108	**管家提示**

专题：在韩国如何乘公共交通工具
109	在韩国乘地铁
111	在韩国乘公交车
113	在韩国乘出租车

Part 3
境内预订,看这些就够

NO.1　火车与KTX预订
- 118　**过来人经验谈**
- 119　经典火车路线
- 120　省时省钱的优惠通票
- 122　图解KTX高速火车预订流程
- 123　**管家提示**

NO.2　巴士预订
- 124　**过来人经验谈**
- 125　畅行韩国的巴士线路
- 125　观光旅游巴士
- 127　图解巴士预订流程
- 129　**管家提示**

NO.3　机票预订
- 130　**过来人经验谈**
- 130　常见的韩国廉价航空公司
- 131　提供韩国国内航班的热门机场
- 132　图解韩国境内机票预订流程
- 135　**管家提示**

NO.4　旅行团预订
- 136　**过来人经验谈**
- 137　在韩国怎样报团
- 137　韩国知名地接社
- 138　跟团游经典线路
- 138　**管家提示**

Part 4
吃货教你吃韩国料理

NO.1　韩国有什么好吃的
- 142　**过来人经验谈**
- 143　平常都爱吃这些
- 144　地方特色有点辣
- 144　**管家提示**

NO.2　找餐馆有技巧
- 145　**过来人经验谈**
- 146　常见的韩国餐馆类型
- 146　各大城市的中餐馆资讯
- 148　如何寻找餐馆集中区
- 151　**管家提示**

NO.3　像当地人一样用餐
- 152　**过来人经验谈**
- 153　韩国人一日三餐吃什么
- 153　达人教你看菜单
- 154　一看就懂的用餐流程
- 154　结账方式的选择
- 154　**管家提示**

Part 5 韩国扫货必备攻略

NO.1 买什么最地道
- 158 **过来人经验谈**
- 158 服饰
- 159 化妆品
- 159 电子产品
- 159 高丽人参
- 159 韩服
- 160 陶瓷器
- 160 工艺品
- 160 **管家提示**

NO.2 去哪买最合适
- 161 **过来人经验谈**
- 162 百货商店
- 162 免税店
- 163 名牌折扣购物中心
- 165 传统市场
- 165 **管家提示**

NO.3 购物必备技能
- 166 **过来人经验谈**
- 166 不可错过的打折季
- 166 尺码大小要牢记
- 167 掌握语言能砍价
- 168 **管家提示**

NO.4 说说退税那些事
- 170 **过来人经验谈**
- 170 在韩国哪里购物可以退税
- 171 旅行者退税流程
- 172 **管家提示**

NO.5 买多了东西怎么办
- 173 **过来人经验谈**
- 173 带上飞机的行李有什么要求
- 175 行李邮寄
- 175 **管家提示**

Part 6 如何在韩国自驾游

NO.1 准备
- 178 **过来人经验谈**
- 179 了解韩国的公路状况
- 179 确定行程与路线
- 179 买一份中韩文的地图
- 180 提前办理相关证件
- 180 **管家提示**

NO.2 拼车
- 181 **过来人经验谈**
- 181 车友常用的拼车论坛
- 182 拼车自驾不可忽略的事情
- 182 **管家提示**

NO.3 租车
- 183 **过来人经验谈**
- 183 租车自驾需符合资格
- 183 学会挑选租车公司与车型
- 185 学会网上租车
- 185 **管家提示**

NO.4 提车
- 186 **过来人经验谈**
- 187 如何前往租车公司网点
- 188 一图学会办理手续
- 189 提车注意事项
- 189 **管家提示**

NO.5 驾车
- 190 **过来人经验谈**
- 190 了解当地驾车习惯
- 191 故障／违章／意外事故处理
- 194 随车设备有备无患
- 194 **管家提示**

NO.6　还车
195　**过来人经验谈**
195　机场还车轻车熟路
197　异地还车方便快捷
197　**管家提示**

Part 7
韩国主题游精选

NO.1　文化之旅
200　**过来人经验谈**
200　景福宫
201　北村韩屋村
201　青瓦台
202　庆熙宫
202　甘川洞文化村
202　**管家提示**

NO.2　拥抱自然之旅
203　**过来人经验谈**
204　汉拿山
205　城山日出峰
205　龙头岩
206　涉地岬
206　月尾岛
207　海云台
207　太宗台
207　**管家提示**

NO.3　韩剧追星之旅
208　**过来人经验谈**
209　乐天世界
209　仁川大学
210　云岘宫
210　巨济岛
211　梨花洞壁画村

211　花津浦海水浴场
212　南怡岛
212　**管家提示**

NO.4　博物馆之旅
213　**过来人经验谈**
214　国立民俗博物馆
214　韩国国立中央博物馆
215　济州泰迪熊博物馆
215　信不信由你博物馆
215　国立古宫博物馆
216　国立大邱博物馆
216　**管家提示**

NO.5　疯狂购物之旅
217　**过来人经验谈**
217　明洞
218　东大门
218　新沙洞林荫大道
219　梨大时尚街
219　南浦洞
219　**管家提示**

Part 8
突发情况从容应对

NO.1 物品丢失
- 222 过来人经验谈
- 222 护照丢失
- 223 信用卡丢失
- 223 行李丢失
- 223 遇到小偷
- 223 管家提示

NO.2 身体不适
- 224 过来人经验谈
- 224 说说韩国医疗
- 224 食物中毒
- 225 普通感冒
- 225 管家提示

NO.3 其他突发事件
- 226 过来人经验谈
- 226 迷路了怎么办
- 226 卫生间的那点事
- 226 管家提示

专题：带小孩游韩国
- 227 机票
- 228 游玩
- 228 购物

专题：带老人游韩国
- 229 游玩
- 230 交通
- 230 饮食
- 230 购物

Part 9
附录

- 234 韩国行政区划
- 234 中国驻韩国使领馆
- 235 韩国驻中国使领馆
- 236 韩国应急电话
- 236 韩国的世界遗产名录
- 237 韩国旅游咨询服务中心
- 237 韩国主要地铁线路
- 238 韩国各机构运营时间
- 238 韩国主要节假日
- 239 女性与儿童健康

亮点

HIGHLIGHT

4大特色抢鲜读

NO.1 微信互动
关注我们的微信公共平台"境外旅行助手"（微信号：cjlvzs），动动手指就能获取境外旅行资讯、攻略、小技巧，让旅途更加轻松、多姿多彩。

NO.2 过来人经验谈
过来人告诉你如何玩韩国，让你消除对韩国的陌生感。不管是办护照、签证，还是入境，甚至如何吃、住、行、游、购等，都能从过来人的讲述中汲取经验。

NO.3 速查速知
快速获取韩国应急电话、中国驻韩国使领馆、韩国主要旅游网站、韩国主要城市地铁交通图、韩国世界遗产等信息。

NO.4 管家提示
管家提示无微不至，从计划出行到从韩国回来面面俱到，让你用最简单、省心的方式畅游韩国。

游季

韩国四季旅行月历

春季
2~4月

🧥 **穿衣指数**

白天： 平均11℃，建议穿毛衣、厚外套、长裤或薄羽绒服等衣服。

夜间： 平均3℃，建议穿羽绒服、毛衣、保暖内衣等衣服。

🌡 **温度**

首尔春季气温			
月份	2月	3月	4月
日均最高气温	4℃	10℃	18℃
日均最低气温	-4℃	1℃	7℃

🎈 **节日及节庆**

时间	节日及节庆
2月	冰雪王国华川山鳟鱼庆典（1月10日~2月1日）
3月	光阳梅花文化节（3月14日~3月22日）、求礼山茱萸庆典（3月21日~3月29日）、济州野火节（3月5日~3月8日）
4月	镇海军港祭（4月1日~4月10日）、济州大樱花节（4月3日~4月5日）、汝矣岛春花节、灵岩王仁文化节（4月9日~4月12日）

📷 适合游玩之地

春季适合游玩地资讯		
名称	地址	交通
汝矣岛	首尔市永登浦区	乘首尔地铁5号线,汝矣渡口站1号出口出,步行可到
南山公园	首尔市龙山区南山公园	乘首尔地铁4号线,会贤站或明洞站下车,步行可到
昌庆宫	首尔市钟路区昌庆宫路185号(卧龙洞)	乘首尔地铁4号线,惠化站4号出口出,步行15分钟可到
济州岛	济州特别自治道济州市	在济州市外巴士客运站乘坐东回线环形巴士

夏季 5~7月

👕 穿衣指数

白天: 平均22℃,建议穿短袖T恤、薄外套、短裤、短裙或长裤等衣服。

夜间: 平均15℃,建议穿长裤、长裙、长袖外套等衣服。

🌡 温度

济州岛夏季气温			
月份	5月	6月	7月
日均最高气温	21℃	25℃	29℃
日均最低气温	14℃	18℃	23℃

🎈 节日及节庆

时间	节日及节庆
5月	燃灯庆典(5月15日~5月17日)、大邱药令市韩方文化节
6月	釜山海云台沙滩节(6月6日~6月9日)、茂朱萤火虫节(6月7日~6月15日)、韩山苎麻文化节(6月6日~6月10日)
7月	世界跆拳道文化博览会(7月4日~7月9日)、扶余薯童莲花庆典(7月17日~7月20日)

适合游玩之地

夏季适合游玩地资讯

名称	地址	交通
海云台海水浴场	釜山市海云台区海云台海边路264号（佑洞）	乘火车到釜山火车站，可换乘市内巴士139、140、239、240、302路，约40分钟可到
城山日出峰	济州道西归浦市城山邑城山路284-12号	在济州市外巴士客运站搭乘前往城山的市外巴士在城山下车，后转搭日出峰循环巴士可到
汉拿山	济州道济州市海岸洞山220-1号	从济州市巴士客运站或516国道汽车站乘坐郊外汽车，在城板岳入口下车可到；或从济州市巴士客运站乘坐开往奥利木的郊外汽车，在奥利木入口下车可到
花津浦海水浴场	江原道高城郡县内面草岛里	在东首尔汽车客运站或江南高速汽车站乘坐开往束草的巴士可到

秋季 8~10月

穿衣指数

白天： 平均25℃，建议穿长袖T恤、薄毛衣、外套、长裤等衣服。

夜间： 平均20℃，建议穿薄毛衣、厚外套、长裤等衣服。

温度

釜山秋季气温			
月份	8月	9月	10月
日均最高气温	29℃	26℃	22℃
日均最低气温	23℃	19℃	14℃

🎈 节日及节庆

时间	节日及节庆
8月	釜山海洋节（8月1日～8月7日）、堤川国际音乐电影节（8月14日～8月19日）、统营闲山大捷庆典（8月13日～8月17日）
9月	忠州世界武术庆典（8月28日～9月1日）、首尔打击乐音乐节（9月12日～9月13日）、原州韩纸文化节（9月25日～9月28日）
10月	晋州南江流灯庆典（10月1日～10月12日）、安城男寺党金严德庆典（10月1日～10月5日）、釜山国际电影节（10月2日～10月11日）、水原华城文化节（10月8日～10月12日）、釜山扎嘎其节（10月9日～10月12日）

📷 适合游玩之地

秋季适合游玩地资讯		
名称	地址	交通
梨花洞壁画村	首尔市中区梨花洞432-695号	乘首尔地铁4号线至惠化站（혜화）下车，经由2号出口出站后直行，在第一个路口有指示牌，沿着骆山公园方向走，到公园正门左转，沿路走约15分钟可到
南怡岛	江原道春川市南山面	在仁寺洞和蚕室都有通往南怡岛的巴士，或在加平火车站搭出租车约10分钟就可到渡口，然后乘船可到
新沙洞林荫大道	首尔市江南区新沙洞	乘坐首尔地铁3号线在新沙洞下，步行可到
水原华城	京畿道水原市八达区苍龙大路21号	在水原市乘坐3路、7-2路、11路、13路、13-3路、16路、20路、24路、35路、45路等公交车在水原华城站下车可到
景福宫	首尔市钟路区世宗路1号	乘地铁3号线在景福宫站下车可到

冬季
11月至次年1月

👕 穿衣指数

白天： 平均8℃，建议穿羽绒服、毛衣、厚外套、保暖内衣等衣服。

夜间： 平均2℃，建议穿羽绒服、长裤、棉服、毛衣等衣服。

🌡 温度

首尔冬季气温			
月份	11月	12月	1月
日均最高气温	12℃	4℃	2℃
日均最低气温	3℃	−3℃	−6℃

🎈 节日及节庆

时间	节日及节庆
11月	瑞山菊花庆典（11月1日~11月9日）、最南端鲂鱼庆典（11月12日~11月15日）
12月	宝城茶园灯火节（12月12日至次年1月25日）、城山日出节（12月31日至次年1月1日）、平昌松鱼庆典（12月20日至次年2月8日）
1月	太白山雪庆典（1月23日~2月1日）、加平龟岛冬季庆典（1月2日~2月1日）、冰雪王国华川山鳟鱼庆典（1月10日~2月1日）

📷 适合游玩之地

冬季适合游玩地资讯		
名称	地址	交通
北村韩屋村	首尔市钟路区桂洞105号	乘地铁3号线在景福宫站下车，步行约10分钟可到
庆熙宫	首尔市钟路区新门2街1-126号	乘地铁5号线在光化门站下，从7号出口步行可到
甘川洞文化村	釜山市沙下区甘川洞	釜山地铁1号线土城洞站6号出口，在忠武路交叉路口换乘17路公交车到甘川洞文化村下车步行可到
月尾岛	仁川广域市月尾岛	在仁川地铁站出口的公交车站乘坐2路、15路、23路、45路公交车，在月尾岛终点站下车步行可到

体验

4大玩法必体验

EXPERIENCE

NO.1 感受传统文化

在韩国体验不一样的文化，从高丽王朝到朝鲜时代，韩国的每个历史时期都留下了带有独特烙印的遗迹。漫步在韩国街头，不经意间就会遇见一座带有历史气息的古老建筑，透过岁月的尘埃，感受属于韩国的历史韵味。

NO.2 品味多样美食

韩国美食五花八门，到韩国旅行，品尝美食也成了不可错过的一项体验。韩国各个地方都有自己富有特色的美食，韩定食、参鸡汤、炒年糕、泡菜、部队火锅、年糕火锅以及各类海鲜，都是享用美食必不可少的选择。

NO.3 尽情疯狂购物

购物已经成为很多游客前往韩国的主要理由之一,韩国的彩妆产品、护肤品、奢侈品、家用电器、数码产品等,无论是国际大牌还是韩国本土品牌,都极受欢迎。而韩国的商业氛围、便利的购物设施、类型多样的购物场所,也给众多到韩国购物的游客们带来了更好的购物体验。

NO.4 追寻剧中风景

无论是风靡一时的《来自星星的你》《继承者们》《匹诺曹》等电视剧,还是人气火爆的《Running Man》《我们结婚了》等综艺节目,都让人们对那些在电视上反复出现的场景充满了好奇。更有不少粉丝会追寻剧中的路线,亲身体验剧中人物到过的地方,在欣赏美景、品味美食的同时,回忆内心深处的快乐记忆。

导读 | 6条线路玩转韩国

畅游首尔周边

线路1：首尔→仁川→京畿道→首尔

 过来人经验谈

 心野路子宽·男·去看看前面我不了解的那个世界

位于首尔南山的N首尔塔是俯瞰首尔全景的最佳选择，站在N首尔塔的观景台上或是坐在上山的缆车上，都能看到首尔市区不一样的壮观景色。塔上有旋转餐厅，可以一边享受美食，一边欣赏美景。

 回首月落处·女·从历史深处观景

听说水原华城的时候以为是座古城，后来查了资料才知道原来是陵墓，不过看到网友们的评论都不错，我这个人又比较喜欢爬山、看历史建筑什么的，所以还是去了。到了那里一看，虽说比不上国内的皇家陵墓那么气派，但也很讲究、很有古代韵味。此外，还有观光小火车可以乘坐，着实节省了不少的力气。

▲线路1（畅游首尔周边）示意图

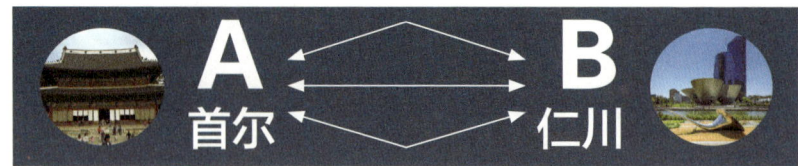

——乘地铁——

从首尔到达仁川市区最便捷的方式是乘坐地铁，乘坐首尔地铁1号线可以到达仁川，运行时间约为1.5小时。如果乘坐的是首尔1号线，可以在富平站（부평역）换乘仁川地铁1号线在仁川大学站下车，开始自己一天的观光行程。如果对仁川大学不感兴趣，则可以不必换乘，直接乘坐首尔1号线在仁川或者仁川东站下车，地铁站不远处就是仁川自由公园和仁川中华街等景点。

——乘机场快线——

在首尔市区乘坐前往仁川机场的机场快线，然后在桂阳站（계양역）换乘仁川地铁1号线可以直达仁川市区，全程约1小时。乘坐机场快线在桂阳站换乘仁川地铁1号线后，可直接在仁川大学站下车，开始游玩。如果想要直接到达仁川自由公园，可以从机场快线换乘仁川地铁1号线后，在富平站换乘首尔1号线地铁到达仁川站或仁川东站。

 游玩特色

仁川全名为仁川广域市（인천광역시），是首尔附近的一座面向黄海的港湾城市。由于距离首尔很近，市郊的仁川国际机场已然成为韩国与外国交通的重要门户。来到这里可以参观摩尼山、爱宝乐园、唐人街等观光胜地。

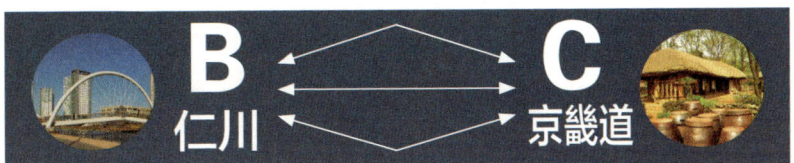

乘巴士

从仁川到京畿道水原市的巴士,可以在仁川国际机场乘坐。每天7:30、22:30有从机场发往灵通的班车经过西水原客运站、水原站和水原长途客运站,费用为1.2万韩元;每天5:30、22:40有从机场前往水原的特快直达车,用时约30分钟,费用为1.2万韩元。西水原巴士客运站位于京畿道水原市劝善区九云洞925号,从这里可以乘坐11、5-1、82-2、15、39、92、92-1路公交车到达水原站。如果在水原站下车,可以乘坐7770、3000、700-2、66路等公交车到达著名的水原华城。

乘地铁

在仁川站或者东仁川站乘坐首尔地铁1号线,抵达九老站(구로역)时,换乘去往饼店、新昌方向的1号线,运行时间大约为2.5小时。

 游玩特色

京畿道有很多市、区,面积很大,景点分布也没有那么集中。多数游客到京畿道都会先前往著名的水原华城参观游览,然后在韩国民俗村体验韩国各地居民的传统生活。

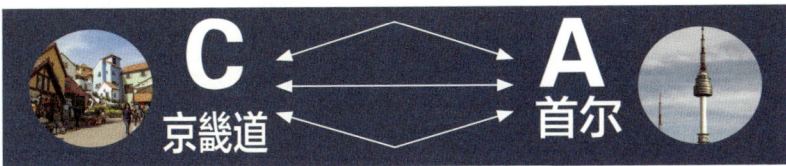

乘地铁

从京畿道的水原市乘坐首尔地铁1号线就可到达首尔市区。车程约1小时。

管家提示

首尔是韩国的首都，也是韩国著名的旅游胜地。这是一座兼具现代气息与古老韵味的城市。可在上午前往景福宫参观，下午前往明洞地区购物游览。如果时间充足，则可以前往著名的N首尔塔、南山公园、梨花洞等地参观游览。

线路2：首尔→春川→南怡岛→首尔

 过来人经验谈

 小黄人·男·父亲的肩膀是最美的翅膀

小时候上学都是要带便当的，那时候会跟最好的朋友分享铝制饭盒里的食物，男生女生要是坐在一起吃饭，绯闻肯定是少不了的。在南怡岛旅游的时候又见到了这种感觉的便当，便当里装白饭，虽然上面放着的是泡菜和煎蛋，但依旧能让我回忆起当年的青葱岁月。这种便当原本是外卖给船工的，现在却成为南怡岛最有象征意义的小吃。吃的时候需要带上厚手套，用力摇晃便当，便当里面的饭菜便混在一起成了泡菜拌饭，十分有趣。

 回首月落处·女·从历史深处观景

南怡岛因是《冬季恋歌》的拍摄地而闻名，不少人都是为了体验剧中主人公的浪漫而来到这里。岛上的风景很好，春有百花秋有红叶。在春川码头下车后就可以看到南怡岛售门票的地方，非韩籍游客票价8000韩元，本地人10 000韩元。

▲线路2（畅游首尔周边）示意图

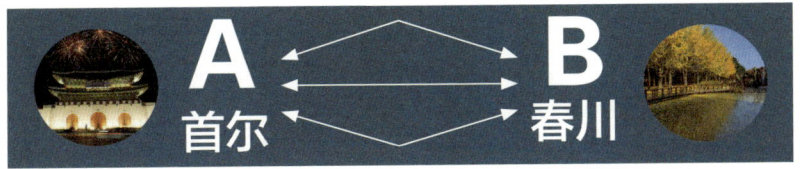

―― 乘地铁 ――
在首尔地铁 7 号线上凤站换乘开往春川的京春线在南春川或春川下车可到，全程约 1.5 小时。

―― 乘火车 ――
在龙山站、清凉里站（청량리역）乘坐"ITX-青春"列车可以在 1～1.5 小时到达春川站。

 游玩特色

春川除了秀丽的自然风光外，还有金裕贞文学村、南春川站（风物市场）、春川明洞（浪漫市场）、江村铁路公园等景点可以游玩。邵阳江少女铜像是以韩国国民喜爱的歌曲之一《邵阳江少女》为背景，在邵阳江旁边竖起的高 7 米的少女铜像，是春川的标志性建筑之一。江原道立花木园是保存着江原道内生长的花木的地方，周边有江村游园地、春川木偶剧场等景点。

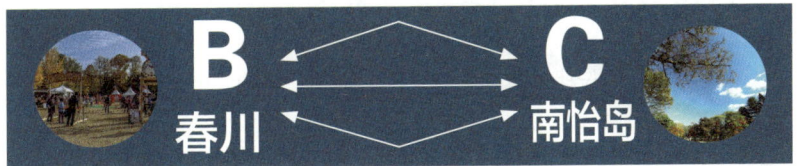

―― 乘船 ――
从春川火车站乘坐班车或出租车到南怡岛乘船码头（约需 10 分钟），门票和往返船票共 10 000 韩元（持护照的外国人 8000 韩元），因天气变化发船时间可能会有所变动，但一般每 15～30 分钟就有一趟船发出。

 游玩特色

相信看过韩剧《冬季恋歌》的人都不会忘记男女主人公相遇的浪漫场景，他们相遇的地方就是南怡岛。作为广为人知的《冬季恋歌》的拍摄地，这里的美景总能为年轻人留下浪漫，为恋人们留下美好回忆。岛上有占地广阔的草地和种植了栗子树、白桦树、银杏树、枫树和松树等的树林，建有各种完善的娱乐设施、住宿设施、动物园、植物园乃至游船。但需要注意的是，南怡岛内禁止车辆驶入，也不允许野炊和露营。

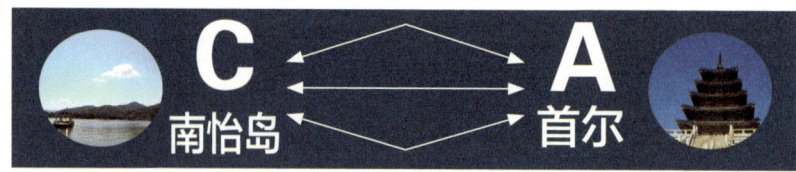

——乘巴士——
从南怡岛（南怡渡口）乘坐渡轮到加平渡口（가평터미널）后，步行到加平汽车站，乘坐前往首尔的巴士，约1个小时可到。

——乘火车——
从南怡岛（南怡渡口）乘坐渡轮到加平渡口后，可以乘坐33-6路公交车，约10分钟到加平火车站，可乘坐京春线到达首尔清凉里站或城北站，车程约1.5小时。

 游玩特色

首尔拥有众多具有悠久历史文化特色的景点，在首尔旅行的第一天可以游览景福宫、青瓦台、清溪川广场以及仁寺洞等景点，第二天可以前往南山公园，乘坐缆车登上N首尔塔，然后前往附近的梨花洞壁画村游玩。

★ 纵观韩国全景

线路3：首尔→大邱→釜山→济州岛

 心野路子宽·男·去看看前面我不了解的那个世界

从首尔前往釜山可以乘坐大巴或是火车，相对而言乘坐火车更为舒服。但是考虑到我们是初来韩国，想慢慢欣赏沿途风景，最终决定从仁川机场乘坐直达釜山的长途大巴，虽然大约5小时，但就在机场10C出口处乘车，十分方便。更重要的是，火车票价为5万多韩元，大巴车票价为4万多韩元，整整省出了1万韩元。

 小黄人·男·父亲的肩膀是最美的翅膀

自从我家小妞儿长大以后，外出旅行之前都会充分尊重她的意见。每次出行前，会打印一些旅游图书或其他路书给她看，让她挑一些自己喜欢的景点，我们一起讨论。这次韩国首尔到釜山再到济州岛的行程，主体是我们大人决定的，但是孩子对目的地有了更多的了解和期待，出发后她对每天的行程都很有兴趣。现在我们买了一张刮刮乐版的世界地图，每去过一个地方就刮出彩色，孩子现在对外出旅行已经十分感兴趣了。

米粒儿·女·90后·旅行狂人

在济州岛我最喜欢的景点还是泰迪熊博物馆，觉得这里非常适合女孩参观。面积虽然不是很大，但是展品都比较精致、可爱，也很适合拍照。

 陌路·女·即便要老去，但记忆仍在

出发前在网上看攻略说，从景福宫出来走十几分钟就能到北村韩屋村了，可是我们从景福宫出来后，想找攻略里介绍的北村附近的餐厅去吃参鸡汤，走了将近一个小时还没找到，才发现走错了方向。但却我找到了一条不知名的小吃街，人也很多，我们在那里吃了不少好吃的，总算没有白白跑了那么久。

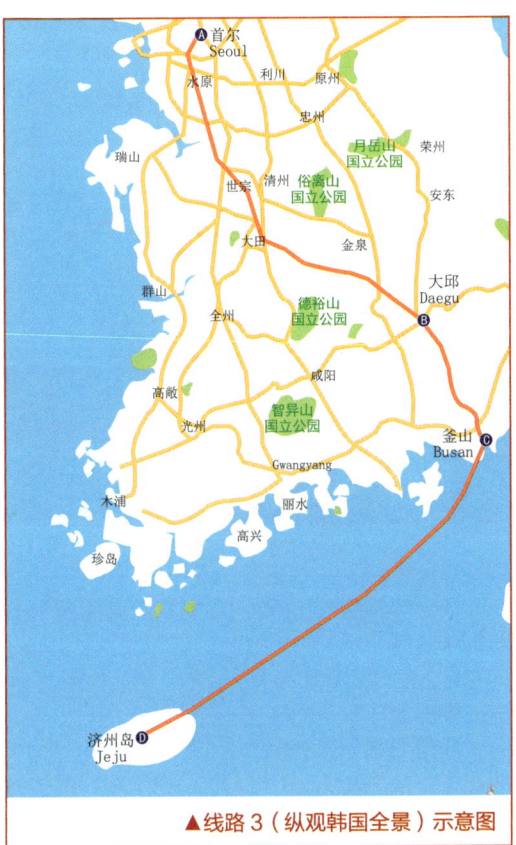

▲线路3（纵观韩国全景）示意图

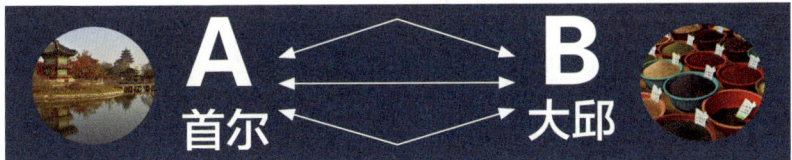

——**自驾**——

从首尔站或龙山站乘坐普通火车约5小时可到大邱火车站，车票价格约为3万韩元。从首尔站乘坐KTX高速火车约2.5小时可到大邱，车票价格约为5万韩元。

——**乘巴士**——

在首尔（南部）综合巴士客运站可乘坐前往大邱的巴士，约5小时可到，车票价格为1.5万韩元左右。

游玩特色

首尔是一座兼具现代气息与古老韵味的城市，这里被游客喜爱的景点多集中在市中心一带。可以参观德寿宫、景福宫等景点，也可以前往明洞购物，或是到南山附近游玩，还可以在N首尔塔上的旋转餐厅边用餐边欣赏首尔夜景。以"冒险与神秘"为主题的乐天世界也是不错的目的地。

大邱以琴湖江及其支流围绕的肥沃平原为中心，在这里随处可见优美的风景和造型别致的西式建筑。其中最有代表性的是飘着淡淡药香的大邱药令市场和别致清雅的国立大邱博物馆。

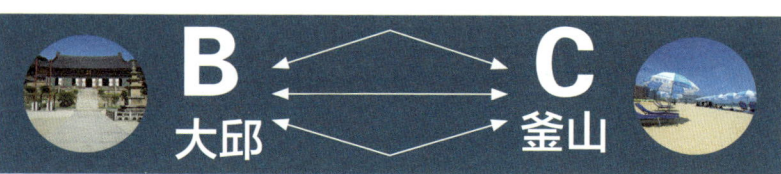

——乘火车——

从大邱到釜山，乘坐KTX高速火车约1小时10分钟；乘坐"新村"号约1小时10分钟；乘坐"无穷花"号约1.5小时。车票价格均在2万韩元左右，工作日期间会有一定的优惠，一般可享受7折优惠。

——乘巴士——

从釜山综合巴士客运站（부산종합버스터미널）乘坐长途巴士到大邱高速巴士客运站约1.5小时，长途巴士运营时间为5:40～21:00，车票价格为6700～9800韩元。

游玩特色

釜山是韩国的第二大城市，东南部临海，西北部多山，景色十分优美。海云台是釜山的著名旅游胜地，被誉为"韩国八景"之一。这里最吸引人的是白沙滩，沙质松软，洁净如玉。釜山博物馆中有多个常设展馆，在第一展馆中可一览先史时代至朝鲜时代的文化状态，在第二展馆中可以详细地了解釜山的近代史。除了博物馆，冬柏公园、龙头山公园等也是不错的去处。还有每年9～10月举行的釜山国际电影节也十分热闹。

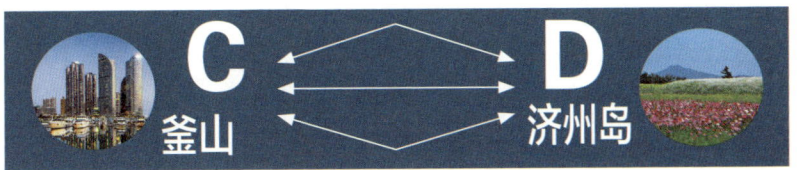

──乘船

从釜山到济州岛的船一般为下午出发第二天早上到，约13小时，可节省一晚住宿费用。往返费用约为8万韩元。如果晕船，不建议乘坐。

──乘飞机

从釜山金海机场乘坐飞机前往济州岛十分便捷，约1小时可到，机票价格约为2万韩元，航空公司有活动时，也可能会有1万多韩元的低价机票。

 游玩特色

济州岛中央有韩国最高峰——汉拿山，除了汉拿山，景点多集中在济州市和西归浦市区。龙头岩是熔岩喷发后冷却形成的岩石，因其酷似一条龙腾飞的样子而闻名于世。济州牧官衙、国立济州博物馆与济州民俗博物馆是了解济州岛历史的好地方，中文旅游区、如美地植物园等地是感受济州自然美景的好去处，还有极具童趣的泰迪熊博物馆也非常值得参观。

线路4：首尔→大邱→庆州→釜山

 重拾旧时光·男·与家人一起的旅行才是真正的旅行

我们的行程是从釜山出发沿庆州、大邱到首尔，一路下来觉得釜山与首尔还算是城市，庆州与大邱感觉就是一座大一点的乡村，特别是庆州，觉得它整体就是一座古城的感觉。我们在釜山游玩了3天，第3天上午去的太宗台，下午在釜山市区吃饭后就直接坐火车到了庆州，釜山离庆州很近，感觉坐上火车后，只是去了趟厕所就到了。在庆州玩的时候没什么感觉，回来以后，反倒觉得与首尔拥挤的明洞和釜山人山人海的海云台相比，在庆州悠闲地逛着的感觉十分舒适。

 回首月落处·女·从历史深处观景

釜山的甘川洞文化村原来是一片贫民区，后来把房子改造并刷成彩色，又陆续有艺术家搬到这里，这一片区域也就显得文艺起来了。街上现在主要是各种小吃店、咖啡馆、精品商店、特色餐厅等。在街道有随处可见的雕塑、壁画与涂鸦，文艺气息十足。在小王子和狐狸的雕像前，总是有很多人排队，我们去的时候排了一会儿，实在等不了，就走了。需要注意的是，如果想要拍小王子和小狐狸的正面照片，一定要带上自拍杆。

 陌路·女·即便要老去，但记忆仍在

在庆州的时候只有公交车，我们住的地方离佛国寺不远，看公交站牌上只有一个站的距离，本来想自己走过去的，后来问了旅店老板，他说这一站地很远，如果要走，至少需要50分钟才能走到，然后我就立马打消了徒步的念头。所以，在庆州游玩的时候，千万不要因坐公交车站数很少就贸然步行前往。

庆州的景点很多是世界遗产，所以大部分都需要买门票。良洞村是一处自然村落，看房屋就能分辨出家族的地位，有的房屋到现在都还有人居住，并且由专门的工作人员负责整修草坪。雁鸭池的建筑倒影非常漂亮，即便是买门票进去，能看到这样子的美景也很值得了。还有大陵苑也是要门票的。

▲线路4（纵观韩国全景）示意图

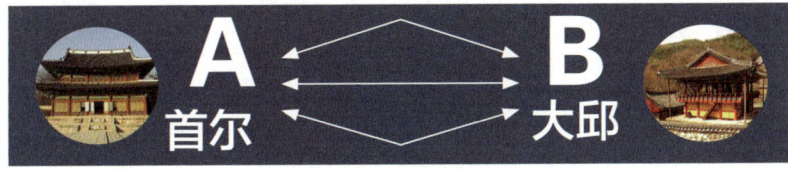

乘火车

从首尔站或龙山站乘坐普通火车约 5 小时可到大邱火车站,车票价格约为 3 万韩元。从首尔站乘坐 KTX 高速火车约 2.5 小时可到大邱,车票价格约为 5 万韩元。

乘巴士

在首尔(南部)综合巴士客运站可乘坐前往大邱的巴士,约 5 小时可到,车票价格为 1.5 万韩元左右。

 游玩特色

在首尔可以参观韩国的政治中心青瓦台,欣赏历史悠久的景福宫,到热闹的明洞购物,在 N 首尔塔上欣赏风景,到充满浪漫气息的梨花洞壁画村散步,到北村韩屋村感受地道的韩国生活。另外,也可以前往乐天世界、德寿宫、昌德宫、昌庆宫、宗庙等地游玩。

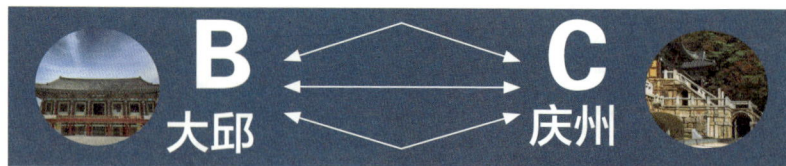

乘 KTX 高速火车

乘坐 KTX 高速火车京釜线从大邱东大邱站到庆州新庆州站需要 17 分钟左右，票价为 8000 韩元左右。

乘长途巴士

从釜山综合巴士客运站（부산종합버스터미널）乘坐长途巴士到大邱高速巴士客运站约 1.5 小时，长途巴士的运营时间为 5:40 ~ 21:00，车票价格为 6700 ~ 9800 韩元。

游玩特色

大邱的旅游景点很多，有"大邱 12 景"可供游客观赏，除了著名的大邱药令市场外，还有八公山、龙渊寺等景点都不容错过。

庆州曾是新罗王朝的首都，拥有悠久的历史文化。最著名的景点佛国寺，是不得不游的地方。位于佛国寺不远处的石窟庵，内以本尊佛为中心，四周雕刻着天部像、菩萨像、罗汉像、居士像、四天王像、仁王像、八部神众像等，十分壮观。还有集历史和荣誉、挑战和冒险、文艺体验村等主题于一身的新罗千禧公园，也非常值得一去。

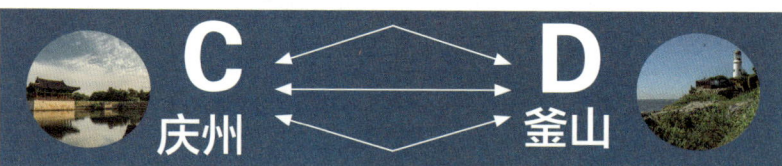

乘长途巴士

从庆州到釜山的长途巴士，豪华巴士的首班车为 8:30，末班车为 20:30，一天有 13 个班次，用时约 50 分钟可到，费用在 4500 韩元左右。抵达地点为釜山的综合巴士客运站（부산종합버스터미널），位于釜山城铁 1 号线老圃洞站 3 号出口旁，交通十分方便。

游玩特色

釜山有山、有海、有江，景色旖旎。这里的海水浴场、釜山水族馆每年都吸引了大量的游客前来。还有海云台、太宗台、龙头山等著名景点，不可错过。釜山博物馆内有数量众多的展品，是了解釜山历史的好去处。

线路5：首尔→光州→济州岛

米粒儿·女·90后·旅行狂人

到了济州岛，第一件事情就是我传说中的黑猪肉。在"黑猪肉一条街"上有超多的烤肉店，我和小麦挑了一家人多的，用餐环节虽然和一般的韩式烤肉没有太大差别，但是帮我们烤肉的"A Zu Ma（大婶）"十分热情，一直在不停地讲啊讲的，我反正是一句也听不懂。小麦天生讨人喜欢，跟那个大婶聊得十分火热，害得我只能在一边吃啊吃的，不过确实很好吃。

 陌路·女·即便要老去，但记忆仍在

我们在济州岛的第一餐是在酒店附近的一家名叫鹭梁津的餐馆，本来是想吃黑猪肉的，进去后才发现这家餐厅主要以海鲜为主，点了一份黑猪肉，味道还不错，就是有点贵。海鲜什么的倒是又实惠又好吃。后来特意查了资料，才知道"鹭梁津"就是一个水产市场的名字，怪不得主要卖海鲜呢。并且还发现这家店已经有十几年的历史，真是无意中捡了个宝。

▲线路5（纵观韩国全景）示意图

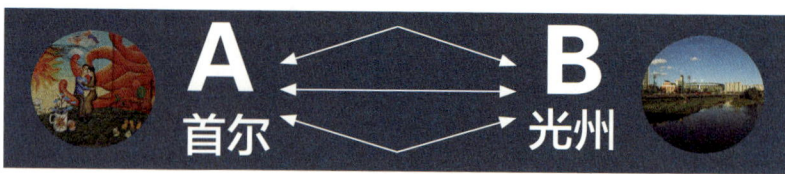

——乘火车——
从首尔站乘坐 KTX 高速火车前往光州约需 3 小时,车票价格约为 3.5 万韩元。乘坐普通火车约需 5 小时,车票价格约为 2 万韩元。

——乘长途巴士——
从首尔(南部)综合巴士客运站乘坐长途巴士,约 3.5 小时可到光州,车票价格 16 900 韩元起。

 游玩特色

在首尔可以游玩、购物、娱乐或者享用美食。在这座城市中,景福宫是李氏王朝的正宫,青瓦台是韩国总统的官邸,昌德宫原为景福宫的离宫。各个景点的建筑都极具特色,展示着韩国的建筑美。

光州位于韩国西南部,这里景色如画,一年四季呈现出不同的风光。这里有许多古朴的民俗村,能让你体验到最原汁原味的韩国传统文化。无等山和仲外公园都是光州著名的景点。还有国立光州博物馆、光州文化艺术会馆等都是能了解光州文化和艺术的地方。

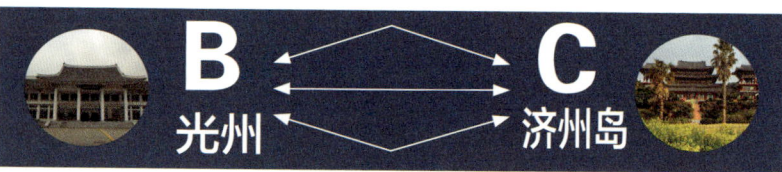

——乘飞机——
从光州到济州岛时,可以选择乘坐飞机,光州机场平均每小时有一趟飞往济州国际机场的航班,用时约 45 分钟,机票价格为 12 万韩元左右。

 游玩特色

济州岛是韩国最大的岛屿,岛上的龙头岩、中文旅游区是不可不去的地方,如果时间充足,城山日出峰和牛岛也是欣赏美景的好地方。

★ 韩国特色游线路

线路6：海浪号列车：首尔→群山→高敞→全州→广川→首尔

——列车介绍——

韩国蓝色特快列车（Blue Train）"海浪号"的名称含有"和太阳一起"的意思，英文名为HAERANG，其寓意为"该列车是和太阳一起共享韩国美丽自然风光的最棒的火车"。海浪号列车是韩国观光专用列车，游客可以在乘坐列车的同时享受其内部提供的豪华旅游参观服务。列车内配有住宿设施、咖啡厅、练歌房等设施。列车从首尔站出发，沿途可观赏到金泉、庆州、正东津、宁越、群山、高敞、全州、广川、舜天、统营、釜山、堤川等地方的美景，行程分2天1夜或3天2夜。

——列车内部——

海浪号列车内部装潢高档，客房分为豪华间、双人标准间、家庭间3种，室内床、卫生间、浴室、电视、空调等设施齐备，客房还准备了房卡，以方便物品管理和保护个人隐私。

列车内部

列车路线

海浪号列车的旅行项目大致分为2天1夜和3天2夜，每周六上午出发的2天1夜的日程有Simile（每月第2周、第4周周六上午出发）和Haeorum（每月第1周、第3周周六上午出发）路线。此外，还有每周2上午出发的3天2夜日程的Aura路线。

海浪号酒店式列车路线介绍		
名称	路线	简介
Simile 路线	首尔→群山→高敞→全州→广川→首尔	首尔站出发→群山站→午餐（酱花蟹套餐）→群山近代文化体验→井邑站→禅云寺→世界遗产高敞支石墓遗址→晚餐（枫川烤鳗鱼）→向井邑站移动→第一晚（列车内客房）→全州站→全州韩屋村→广川站→午餐（烤牛里脊）→广川土窑虾酱博物馆及土窑体验→到达首尔站
Haeorum 路线	首尔→金泉→庆州站→正东津→宁越→首尔	首尔站出发→秋风岭→直指寺→午餐（韩定食）→庆州站→大陵苑→晚餐（嫩豆腐套餐）→观看"赞耆婆郎歌"演出→观赏庆州夜景→第一晚（列车内客房）→正东津站→观看日出→早餐（正东津SunCruise韩定食）→东海站→宁越站→午餐（烤牛里脊）→宁越市区游→到达首尔
Aura 路线	首尔→顺天→统营→釜山→正东津→堤川→首尔	首尔站出发→顺天站→午餐（泥蚶套餐）→顺天湾生态公园→乐安邑城→树大根深博物馆→晚餐（光阳烤肉）→第一晚（列车内客房）→晋州站→早餐（河豚汤）→洗兵馆→闲丽水道展望缆车→中餐（烤鳗鱼）→马山站→釜山釜田站→海东龙宫寺→The Bay 101海云台游艇体验→晚餐（烤牛里脊）→第二晚（列车内客房）→正东津日出→早餐（正东津SunCruise韩定食）→扭田站（拍纪念照）→堤川Rosom森林→中餐（药膳套餐）→Rosom森林康复SPA→到达首尔站

海浪号酒店式列车资费表

名称	类型	参考价格
3天2夜（Aura）	双人标间（2人1间）	290万韩元
	豪华间（2人1间）	244万韩元
	家庭3人间（3人1间）	299万韩元
	家庭4人间（4人1间）	360万韩元
2天1夜（Simile/Haeorum）	双人标间（2人1间）	193万韩元
	豪华间（2人1间）	160万韩元
	家庭3人间（3人1间）	194万韩元
	家庭4人间（4人1间）	232万韩元

tips

1. 家庭4人间预约基准：2名成人+2名小学生（未满12岁）；

2. 双人标间房内没有卫生间，请使用公共卫生间；

3. 更多详细信息可在网站 www.railcruise.co.kr 上查询。

Part 1
去韩国要做的 9 件事

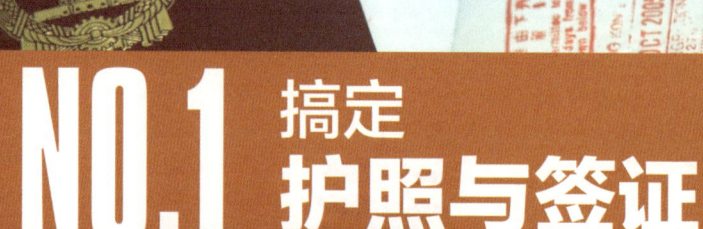

NO.1 搞定护照与签证

 过来人经验谈

 回首月落处·女·从历史深处观景

办理签证的时候,凭护照进入领事馆拿号,然后填写申请表、预审资料(其实就是旁边的工作人员看看有没有漏掉的),确认资料齐全之后去缴签证费,缴费之后会拿到印花税票,需要把税票贴到申请表的左下角。等待叫号,轮到自己以后就到柜台递交资料,然后工作人员会给一张写有签证领取时间的通知单,上面有网址,可以随时查询签证办理的情况。

 米粒儿·女·90后·旅行狂人

我去韩国旅行的时候还是在校大学生,所以只需要提交护照原件、身份证原件加复印件、学生证原件加复印件以及学校开的在校证明原件,就能办理韩国旅游签证了。到大使馆交了签证材料和签证费用以后,等四五天就能出结果了。

★ 认识普通护照

护照是游客在国外证明自己身份合法的证件,想要出国旅行,第一个需要办理的证件就是护照。目前我国大多数公民所持护照为普通护照,如果已经有护照,要保证自己的护照有效期在6个月以上。如果没有护照,建议游客在旅行前3个月就开始着手办理护照。中国目前使用的普通护照有效期为10年,可以在有效期满前6个月之内申请办理延期2次,每次5年。

★ 熟知护照办理流程

办理护照很简单，只需要到相应的办理地点，照相、填表后就可以等待一本崭新的护照到手了，还可以选择持回执自己领取或是邮寄领取。目前办理护照可以在自己的户口所在地的出入境大厅办理，也可以在工作地的出入境大厅办理（多数需要在当地有1年以上的社保缴费记录或纳税证明）。

护照办理流程图

照相 → 自己提前照相或是在办理地点照相均可，但很多出入境大厅会要求在其指定的照相地点照相才予以办理护照，照相费用约为30元

填表 → 在出入境大厅领取《中国公民出入境证件申请表》按要求填写即可，有不明白或不确定的地方可以看填写柜台下的样表，或询问工作人员。如果打算邮寄领取护照，需要在申请表上勾选，并填写地址

缴费 → 在出入境大厅柜台缴费，初次办理护照费用200元，邮寄服务费50元左右。缴费后会给收据及回执

领护照 → 申请提交后，10～15个工作日，即可领取护照。如果选择邮寄领取，则一般需要延长3天左右的邮寄时间。如果长时间没有收到护照，则可以凭回执编码致电咨询

★ 掌握签证分类

韩国签证分为旅游及商务签证、工作签证等，前往韩国旅游办理旅游签证即可。申请者需提交护照、申请表、最近6个月内的彩色照片（3.5厘米×4.5厘米）、手续费以及其他相关材料。除此之外，审查过程中如有需要，也可能需要其他补充材料。旅游签证在出现意外、健康问题、航班取消等特定情况下可以申请延长签证有效期。

根据韩国的相关规定，中国持有外交护照的公民可免签进入韩国，停留90日内；持有中国香港、中国澳门、中国台湾等地护照的游客以旅游访问为目的，可免签进入韩国，停留30日内；持内地护照乘坐直接抵达济州地区的飞机或船舶入境韩国，可免签停留30日内（活动范围仅限于济州岛）。

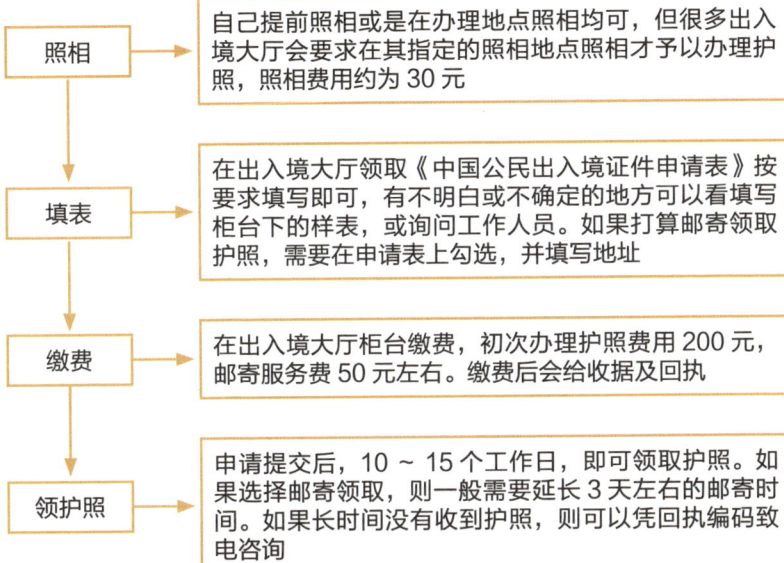

停留资格：外国人在韩国停留期间所进行的社会活动或身份种类

停留期间：从入境之日起可以在韩国停留的期间的签发日期

签证号码：发行签证的编号

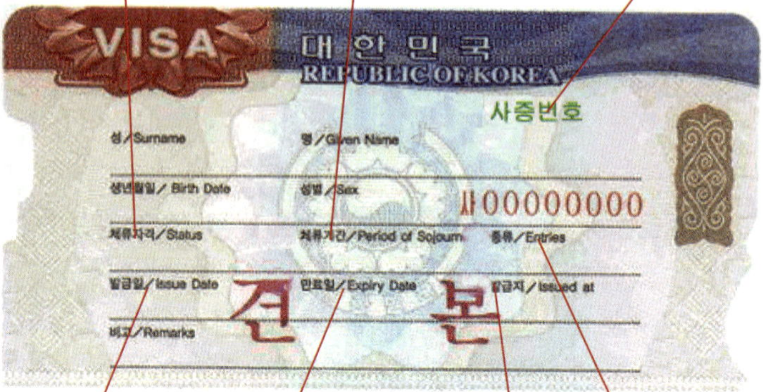

签发日期：签证的签发日期

有效期限：签证的有效期。必须在有效期内方可进入韩国，超过有效期的签证是无效签证

种类：签证的种类，S 为单数签证，M 为复数签证

签发地点：签证发行地的信息

▲认识签证分类

★ 轻松化解签证难题

在韩国签证的办理过程中，比较容易遇到的难题是，不知道怎样填写韩国签证申请表和不知道都要准备什么申请材料。接下来就详细介绍一下如何填写韩国签证申请表的各项内容，以及应当准备什么申请材料。

■ 출입국관리법 시행규칙 [별지 제 17 호서식]

(第一页 / Page1)

签证发给申请表
APPLICATION FOR VISA

< 申请表填写方法 >

▶ 申请人须以事实为根据，并将在以下空格处完整记载。
▶ 申请人必须用韩文，英文或中文填写以下申请表。
▶ 在相关选项的 " [ ] " 内打钩。
▶ 如您选择 "其他"，请写具体内容。

<How to fill out this form>

▶ You must fill out this form completely and correctly.
▶ You must write in block letters either in English or Korean.
▶ For multiple-choice questions, you must check [√] all that apply.
▶ If you select 'Other', please provide us with more information in the given space.

1. 个人信息 / PERSONAL DETAILS

PHOTO 护照规格照片 (35 mm × 45 mm) 6 个月内拍摄的正面 免冠彩色相片， 相片背景颜色须为纯白色 A color photo taken within last 6 months(full face without hat, front view against white or off-white background)	1.1 护照上的英文名 /Full name in English (as shown in your passport)		
	姓 Family Name	名 Given Names	
	1.2 中文名字汉字姓名	1.3 性别 Sex 男 /Male[ ] 女 /Female[ ]	
	1.4 出 生 日 期 Date of Birth (yyyy/mm/dd)	1.5 国籍 Nationality	
	1.6 出 生 国 Country of Birth	1.7 国 家 身 份 证 号 码 National Identity No.	
1.8 您以前出境或入境韩国时是否使用过其他姓名？ Have you ever used any other names to enter or depart Korea? 否 No [ ] 是 Yes [ ] → 如您选择 " 是 "，请写具体内容 If "Yes" please provide details (姓 Family Name , 名 Given Name)			
1.9 您是否拥有双重国籍 ? Are you a citizen of more than one country ? 否 No [ ] 是 Yes [ ] →如您选择 " 是 "，请写具体内容 If "Yes" please write the countries ( )			

2. 签证发给认定书签发信息 / DETAILS OF VISA ISSUANCE CONFIRMATION
※ 仅限于在大韩民国出入国管理事务所·办事处收到签证发给认定书的人
(Section 2 is only for those who possess confirmation of visa issuance issued by the Immigration Office of the Republic of Korea)

2.1 签证发给认定号码 Confirmation No.		2.2 签 发 日 期 Issue Date	
2.3 护照号码 Passport No		2.4 护照有效期至 Passport Expiry Date	

▶ 签证发给认定书持有者直接移到第 12 部分 (誓约)，填写以下空格后提交申请表 (不用写第 3~11 部分)
Those who have confirmation of visa issuance must move to section 12 (Declaration) to complete this from
(Those with visa issuance confirmation must not fill out section 3~11).

210mm × 297mm[백상지 80g/ ㎡ (재활용품)]

PART 1

去韩国要做的 9 件事

(第二页 / Page2)

3. 护照信息 / PASSPORT INFORMATION

3.1 护照类型 Passport Type
外交护照 Diplomatic [ ]　　公务护照 Official [ ]　　普通护照 Regular [ ]　　其他 Other [ ]
→ 如您选择"其他",请写具体内容 If "Other" please provide details (　　　　　　　　)

3.2 护照号码 Passport No.	3.3 护照签发国 Country of Passport	3.4 护照签发地 Place of Issue
3.5 签发日期 Date of Issue	3.6 护照有效期至 Date Of Expiry	

3.7 您是否有其他的护照?Do you have any other valid passport?否 No [ ] 是 Yes [ ]
→ 如您选择"是",请写具体内容 If "Yes" please provide details

a) 护照类型 Passport Type

外交护照 Diplomatic [ ]　　公务护照 Official [ ]　　普通护照 Regular [ ]　　其他 Other [ ]

b) 护照号码 Passport No.	c) 护照签发国 Country of Passport	d) 护照有效期至 Date Of Expiry

4. 联系信息 / CONTACT INFORMATION

4.1 本国地址 Address in Your Home Country

4.2 现居住地 Current Residential Address * 仅限于现居住地与本国地址不同者 / Write if it is different from the above address

4.3 手机号码 Cell Phone No.	4.4 电话号码 Telephone No.	4.5 电子邮件 E-mail

4.6 紧急联系人信息 Emergency Contact Information

a) 姓名 Full Name in English	b) 居住国家 Country of Residence
c) 电话号码 Telephone No.	d) 关系 Relationship to you

5. 婚姻状况 / MARITAL STATUS DETAILS

5.1 目前婚姻状况 Current Marital Status
已婚 Married [ ]　　　　离婚 Divorced [ ]　　　　未婚 Never Married [ ]

5.2 配偶个人信息 * 仅限于已婚者 If 'Married' please provide details of your spouse

a) 姓 Family Name (in English)	b) 名 Given Names (in English)
c) 出生日期 Date of Birth (yyyy/mm/dd)	d) 国籍 Nationality
e) 居住地 Residential Address	f) 联系电话 Contact No.

6. 学历 / EDUCATION

6.1 最终学历 What is the highest degree or level of education you have completed?
硕士 / 博士 Master's/Doctoral Degree [ ]　　　　学士 Bachelor's Degree [ ]
高中 High School Diploma [ ]　　　　其他 Other [ ]
→ 如您选择"其他",请写具体内容 If 'Other' please provide details (　　　　　　　　)

6.2 学校名称 Name of School	6.3 学校地址 Location of School(city/province/country)

210mm × 297mm[백상지 80g/㎡ (재활용품)]

(第三页 / Page3)

7. 职业 / EMPLOYMENT

7.1 职业 What are your current personal circumstances ?
企业家 Entrepreneur [ ]　　　　　个体经营 Self-Employed [ ]　　　　工作者 Employed [ ]
公务员 Civil Servant [ ]　　　　　学生 Student [ ]　　　　　　　　退休者 Retired [ ]
无职 Unemployed [ ]　　　　　　其他 Other [ ]
→ 如您选择"其他", 请写具体内容 If "Other" please provide details (　　　　　　　　　　)

7.2. 职业详细信息 Employment Details

a) 单位 / 机构 / 学校（名称）Name of Company/Institute/School	b) 职位 / 课程 Your Position/Course
c) 单位 / 机构 / 学校（地址）Address of Company/Institute/School	d) 电话号码 Telephone No.

8. 邀请人信息 / DETAILS OF SPONSOR

8.1 邀请人 / 邀请单位 Do you have anyone sponsoring you for the visa ?
无 No [ ]　有 Yes [ ] → 如您选择"有", 请写具体内容 If "Yes" please provide details

a) 邀请人 / 邀请单位 (名称) Name of your visa sponsor (Korean, foreign resident in Korea, company, or institute)	
b) 出生日期 / 营业执照号码 Date of Birth/Business Registration No.	c) 关系 Relationship to you
d) 地址 Address	e) 电话号码 Phone No.

9. 访问信息 / DETAILS OF VISIT

9.1 访韩目的 Purpose of Visit to Korea
观光 / 通过 Tourism/Transit [ ]　　　参加会议 Meeting, Conference [ ]　　医疗观光 Medical Tourism [ ]
短期商务 Business Trip [ ]　　　　留学 / 研修 Study/Training [ ]　　　就业 Work [ ]
贸易 / 投资 / 驻在 Trade/Investment/Intra-Corporate Transferee [ ]
探亲 Visiting Family/Relatives/Friends [ ]　　　结婚移民 Marriage Migrant [ ]
外交 / 公务 Diplomatic/Official [ ]　　其他 Other [ ]
→ 如您选择"其他", 请写具体内容 If "Other" please provide details (　　　　　　　　　　　　)

9.2 预定停留时间 Intended Period of Stay	9.3 访韩预定日 Intended Date of Entry
9.4 韩国联系地址 (包括酒店) Address in Korea(including hotels)	9.5 韩国联系电话 Contact No. in Korea

9.6 最近 5 年内是否访问过韩国？ Have you travelled to Korea in the last 5 years ?
否 No [ ] 是 Yes [ ] → 如您选择"是", 请写具体内容 If "Yes" please provide details of any trips to Korea
(　　　) 次 times, 最近访韩目的 Purpose of Recent Visit (　　　　　　　　　　　　　　)

9.7 最近 5 年内是否访问过其他国家 (韩国除外) Have you travelled outside your country of residence, excluding to Korea, in the last 5 years ?

国家 Name of Country (in English)	访问目的 Purpose of Visit	停留期间 Period of Stay (yyyy/mm/dd)~ (yyyy/mm/dd)

210mm × 297mm[백상지 80g/㎡ (재활용품)]

PART 1　去韩国要做的 9 件事

(第四页 / Page4)

9.8. 同行家属 Are you travelling to Korea with any family member ?
无 No [ ] 有 Yes [ ] → 如您选择"有",请写具体内容 If "Yes" please provide details of the family members you are travelling with

姓名 Full name in English	出生日期 Date of Birth (yyyy/mm/dd)	国籍 Nationality	关系 Relationship to you

* 注: 家属范围——配偶,子女,父母,兄弟姐妹
Note: Definition of a Family Member—your spouse, father, mother, children, brothers and sisters

10. 访问经费 / FUNDING DETAILS

10.1 访问经费 (以美元为准) Estimated travel costs(in US dollars)

10.2 访韩费用支付者 Who will pay for your travel-related expenses ? (any person including yourself and/or institute)

a) 姓名 / 单位名称 Name of Person/Company(Institute)	b) 关系 Relationship to you
c) 支援内容 Type of Support	d) 联系电话 Contact No.

11. 填写申请表时是否接受过帮助 / ASSISTANCE WITH THIS FORM

11.1 您在填写申请表时是否接受过别人的帮助? Did you receive assistance in completing this form?
否 No [ ] 是 Yes [ ] → 如您选择"是",请写具体内容 If "Yes" please provide details of the person who assisted you

姓名 Full Name	出生日期 Date of Birth (yyyy/mm/dd)	联系电话 Telephone No.	关系 Relationship to you

12. 誓约 / DECLARATION
* 签证发给认定书持有者也须填写
Those who possess confirmation of visa issuance must only complete section 1,2, and 12 of this form

根据本人所知所信,我声明以上所有陈述均真实、准确、完整。我将遵守大韩民国的出入境管理法律法规。

I declare that the statements made in this application are true and correct to the best of my knowledge and belief, and that I will comply with the Immigration Act of the Republic of Korea.

申请日期(年.月.日) DATE OF APPLICATION (yyyy/mm/dd)
/   /   /

申请人(签名) SIGNATURE OF APPLICANT

未满十七岁由父母或法定监护人签字
Signature of Parent or Legal Guardian's for a person under 17 years of age

附件 ATTACHMENT	1.「출입국관리법 시행규칙」제76조제1항 관련 [별표 5] 사증발급신청 등 첨부서류

210mm × 297mm[백상지 80g/ ㎡ (재활용품)]

(第五页 / Page5)

注意事项 Notice

1. 有关上述事项，本表如不够填写可另加附页或是追加提供相关材料。
   If extra space is needed to complete any item, record on a separate sheet of paper or submit relevant documents which could support your application.
2. 如您的大韩民国签证得到批准后因遗失、损毁等原因再次签发，必须通知签证处理机构变更的护照信息，以便准确反映个人信息。
   If you received Korean visa approval, and have new passport issued thereafter in lieu of lost/damaged passport, you must notify the concerned visa office of changes in your passport information.
3. 申请人若在入境大韩民国时被发现是不许可入境者，即使持有韩国签证也无权入境。
   Possession of a visa does not entitle the bearer to enter the Republic of Korea upon arrival at the port of entry if he/she is found inadmissible.
4. 根据「出入境管理法施行规则」第9条第1项，C类签证持有者入境韩国后不得变更停留资格。
   Please note that category C visa holders are not able to change their status of stay after their entry into the Republic of Korea in accordance with Article 9(1) of the Enforcement Regulations of the Immigration Act.

领馆审核栏 FOR OFFICIAL USE ONLY

기본사항	체류자격		체류기간		사증종류		단수・복수(2회, 3회 이상)	
접수사항	접수일자		접수번호		처리과			
허가사항	허가일자		인정번호		고지사항			
결재	담당자		가 [　] 부 [　]					

< 印花税票粘贴处 >

处理流程

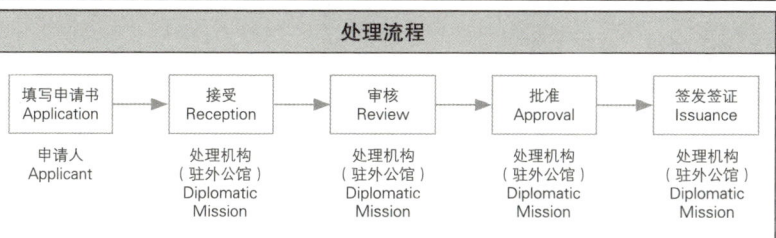

210mm × 297mm[백상지 80g/ ㎡ (재활용품)]

申请韩国签证所需材料	
类型	详解
护照	有效期6个月以上，旧版护照需在最后一页亲笔签名
身份证	复印件
照片	1张，3.5厘米×4.5厘米，6个月以内的近照
签证申请表	填写完整，有本人签名
经济能力证明	任选其一 1. 最近6个月内的信用卡对账单原件 2. 最近6个月内的个人所得税完税证明原件或社会保险参保证明原件 3. 最近6个月内的银行账户交易明细（需由银行签发）
免交经济能力证明	1. 小学生、中学生（提交在读证明） 2. 大学生须提交中国高等教育学生信息网（www.chsi.com.cn）的电子认证材料 3. 具备多次签证申请资格者（提交各类多次签证所需材料） 4. 通过优秀旅行社代办的人员（可在网站 http://chn.mofa.go.kr/worldlanguage/asia/chn/visa/issuance/select/index.jsp 上查询优秀旅行社名单）

★ 熟知签证办理流程

在韩国驻华大使馆网站上了解办理签证的相关信息后，就可以着手准备相关材料了。在资料递交后，即可等待签证结果，等待过程中可在官网查询，一般5个工作日即可出签。

签证过程可能遇到的问题

1 登录韩国驻华大使馆了解相关信息
韩国驻华大使馆官网中文网址：chn.mofa.go.kr/worldlanguage/asia/chn/main/index.jsp。

2 准备材料、填写申请
提前在大使馆网站（签证信息—各种表格下载）下载申请表，填写后打印出来，需要亲笔签名。其他材料准备齐全后放到一起备用。

3 提交签证申请，递交材料
前往自己所在领区的韩国驻华大使馆或总领事馆，递交材料。并同时交签证费，获得收据与领取回执。

韩国签证费用表（单位：人民币/元）			
签证种类		手续费	加急费
单次签证	短期签证（停留期90天以内）	260元	390元
	长期签证（停留期90天以上）	390元	520元
	团体旅游	97元（每人）	130元（每人）
两次签证	个人	455元	585元
多次签证（长、短期）		585元	845元
延长再入国许可期间		130元	—

4 等待签证结果

在韩国驻华大使馆官网"签证结果查询"中输入英文姓名、出生年月日及受理号码后可确认签证结果以及审查进展情况。

5 拒签后再次申请签证

签证被拒后，如无特殊原因，只能自拒签日（韩国的拒签章一般在护照最后几个空白页下方不显眼处，以日期章标示拒签日）起2个月后重新申请。

★ 找机构代办省时省心

通过韩国驻华使领馆指定的各类代办机构申请韩国签证，更加省时省心。通过韩国驻华大使馆认证的优秀旅行社申请，还能免交部分材料，更加节省办理时间。韩国驻华大使馆认证的优秀旅行社主要有：北京迈途国际旅行社、中国妇女旅行社、北京携程国际旅行社、中国康辉旅行社、中青旅控股股份有限公司、海峡旅行社、北京广顺国际旅行社等，通过优秀旅行社提交韩国签证申请可免交经济能力证明。

tips

韩国驻中国大使馆指定的签证代办机构名单可在网站 chn.mofa.go.kr/worldlanguage/asia/chn/visa/issuance/select/index.jsp 上查看。

管家提示

办理护照时需要录入指纹，因特殊情况无法采集右手、左手拇指指纹的，按规定顺序采集其他手指指纹。申请人因指纹缺失、损坏无法录入指纹的，可以不采集指纹信息。申请人因手指伤病无法录入指纹且受理机关无法判断的，需提交二级以上医院出具的证明，并在手指伤病痊愈后到受理机构换发护照、补采指纹。

韩国驻中国使领馆领区划分	
所在地区	电话
驻华大使馆	北京市、天津市、河北省、山西省、内蒙古自治区、新疆维吾尔自治区、西藏自治区、青海省
驻沈阳总领事馆	辽宁省、黑龙江省、吉林省
驻上海总领事馆	上海市、安徽省、江苏省、浙江省
驻广州总领事馆	广东省、广西壮族自治区、海南省、福建省
驻青岛总领事馆	山东省
驻成都总领事馆	重庆市、四川省、云南省、贵州省
驻西安总领事馆	陕西省、甘肃省、宁夏回族自治区
驻武汉总领事馆	河南省、湖北省、湖南省、江西省
驻大连领事办事处	大连市的中山区、西岗区、沙河口区、甘井子区、旅顺口区、金州新区（金州区、开发区、保税区）

NO.2 制订翔实的旅行计划

PART 1 去韩国要做的9件事

 过来人经验谈

 匆匆年少·女·来去总是太匆匆

办完签证以后,根据攻略上所说的,给上海的韩国旅游发展局打了电话想要一些资料,也不知道是他们工作态度有问题还是我的人品有问题,网上说得完美无缺的旅行服务,到了我这里却出了问题。他们非要我把签证页寄给他们,可是万一丢了,我不就去不成了吗?本着小心谨慎的态度,我提出了将签证页扫描给他们,却遭到了严词拒绝。不得已,我只能爆发我的"黑暗小宇宙"给韩国旅游局官网发了投诉邮件。然后,我就接到了电话,之后才收到了韩国地图、旅游指南以及传说中的《星儿带你游韩国》等宣传资料,可谓是一波三折啊。不过事后证明,这些资料还是很有用处的。

 回首月落处·女·从历史深处观景

办完签证后在韩国旅游发展局广州办事处的官网上申请了领取资料,距离比较近,我就自己去把那些材料搬了回来,后来出发的时候觉得太沉,就只把一些优惠券带上了。但是到了韩国发现好多都已经过期了,真是浪费啊。

 米粒儿·女·90后·旅行狂人

出行前我订好了主要的行程,订了机票、酒店,剩下的事情就交给了小麦同学。谁知道等我们登上了飞往首尔的飞机之后,他才告诉我,他根本就没有规划具体行程。当时真的有点六神无主,在后来的实际行程中,凭借着我的超强记忆力以及对韩国的了解，再加上小麦会韩语的一点点帮助（其实这个帮助很大），我们的韩国之行还是十分顺利与开心的。因为没有计划反倒更随意，不用给自己定闹钟，想睡到几点就睡到几点，有精力就多逛几个景点，觉得累了就早早回去睡觉，确实很舒服。

★ 查找相关资料

在决定要前往韩国旅游之后，首先要了解韩国的相关信息。了解信息可以通过上网查找、阅读书籍、观看电视节目等多种方式，其中网络信息更新较快，方便快捷。可前往韩国旅游局官网、

韩国驻华大使馆、驻华韩国文化院以及韩国各城市的门户网站查询出行信息，也可以关注韩国旅游局的官方微博了解最新的韩国旅行信息。在获取签证之后，还能凭签证信息到韩国旅游发展局各地办事处领取相关旅游手册。

常用韩国信息查询网站	
名称	网址
韩国驻华大使馆	chn.mofa.go.kr/worldlanguage/asia/chn/main/index.jsp
韩国旅游发展局	chinese.visitkorea.or.kr/chs/index.kto
驻华韩国文化院	c.kocenter.cn/www/index.jsp
首尔官方旅游信息网站	www.visitseoul.net/ck/index.do?_method=main
韩巢网	cn.konest.com
嗨！首尔	www.hikorea.go.kr/pt/main_zh.pt

韩国旅游发展局资讯		
名称	地址	电话
北京办事处	北京市朝阳区光华路光华西里1号韩国文化院3层	010-6585-8213/65858214
广州办事处	中国广州市天河区天河路385号太古汇1座8层803号	020-38931639/38931790
韩国驻上海总领事馆旅游服务部	上海市漕溪北路396号汇智大厦（502室）	021-51697933

续表

名称	地址	电话
沈阳办事处	辽宁省沈阳市和平区和平北大街69号总统大厦C座703号	024-22814155/22814255
成都办事处	成都市武侯区人民南路三段一号平安财富中心2604室	028-65572311
西安办事处	陕西省西安市雁塔区南二环64号凯德广场1601室	029-89640100
香港办事处	香港铜锣湾告士打道280号世界贸易中心22楼（2202-2203室）	0852-25238065

★ 确定旅行方式

如果在自由行还是跟团游的选择中摇摆不定，不妨认真思考一下自己前往韩国旅游的目的，然后筛选出前往韩国旅行的方式。如果旅行目的较多，就以选中频率最高的旅行方式出行。

筛选旅行方式				
旅行主要目的	穷游	中等消费	跟团	自由行
品尝韩国美食	适中	首选	适中	适中
了解韩国人文历史	适中	适中	不适合	首选
带孩子游韩国	不适合	适中	适中	首选
逛韩剧取景地	适中	首选	适中	适中
看自然风景	适中	适中	不适合	首选
陪老人游韩国	不适合	适中	适中	首选
韩国蜜月游	适中	适中	不适合	首选
韩国购物之旅	不适合	适中	适中	首选
一趟省钱的韩国	首选	不适合	适中	适中
短时间游遍韩国	适中	适中	不适合	首选
接触当地人	首选	适中	不适合	首选

★ 挑选适合城市

韩国有首尔、釜山、济州岛、光州、全州、大邱、仁川、春川等著名旅游目的地,可根据自己的实际情况挑选适合自己的城市,进行路线规划。

必玩指数 ★★★★★

简介 韩国首都,国际化大都市

首尔

交通 有中国直飞航班抵达

3天 建议游玩天数

必玩指数 ★★★★

简介 韩国南岸城市,沿海风光

釜山

交通 有中国直飞航班抵达

2天 建议游玩天数

必玩指数 ★★★★★

简介 韩国著名岛屿,免签

济州岛

交通 有中国直飞航班抵达

3天 建议游玩天数

必玩指数 ★★★

简介 首尔卫星城,仁川机场所在地

仁川

交通 有中国直飞航班抵达

1天 建议游玩天数

★ 做出旅行预算

前往韩国旅游，除了机票、酒店等大额支出外，还有门票、餐饮、交通、娱乐等多个方面需要花钱，在出行前给自己的旅行列一份预算很有必要，这样可以保证旅行经费准备充足，也能控制自己不乱花钱。在做韩国旅游的预算时，一定要考虑韩国餐饮、交通等方面的实际情况，让自己的预算更加准确。

以韩国7天旅行为例，不算往返机票和购物、娱乐的费用，单人出行约60万韩元（约3500元人民币）就能在韩国首尔周边游玩一圈，约100万韩元（约5600元人民币）就能比较舒适地在韩国游玩；家庭出游以一家三口，儿童不加床为例，约90万韩元（约5000元人民币）能在韩国游玩一圈，约150万韩元（约8300元人民币）能在韩国较为舒适地游玩。

韩国旅行花费须知	
项目	详解
住宿费用	星级酒店：首尔约12万韩元/晚，其他城市约7万韩元/晚 经济酒店：首尔约4万韩元/晚，其他城市约3万韩元/晚 传统韩屋：首尔约4万韩元/晚，其他城市约3万韩元/晚
交通费用	城市之间飞机约5万韩元，KTX高速火车约5万韩元，长途大巴约3万韩元 市内交通地铁约1000韩元/次，公交车约800韩元/次，出租车起步价为1800～2000韩元
餐饮费用	高级韩餐约3万韩元/餐，烤肉约2万韩元/餐，一般韩国料理约5000韩元/餐，快餐店套餐约4000韩元，咖啡馆约4500韩元/餐
观光费用	乐天世界约3.5万韩元，景福宫约3000韩元，国立古宫博物馆约2000韩元，云岘宫约700韩元，釜山博物馆约500韩元

★ 打印行程安排

在行程安排确定之后,可以将自己的韩国旅行计划打印出来随身携带,行程安排上的酒店地址还能在乘车的时候起到帮助作用。另外,还要将行程安排的电子版文件保存在U盘或是邮箱中一份,以备使用。

管家提示

现在网上有很多可以制定行程的行程助手,使用起来都十分方便,如果觉得自己制定行程太过烦琐,也可以关注出境旅行助手的官方微信,只需要提供自己的想法,就能免费获得一份计划翔实的韩国行程安排。出境旅行助手官方微信账号 cjlvzs。

扫一扫添加微信

NO.3 机票到手，说走就走

过来人经验谈

 心野路子宽·男·去看看前面我不了解的那个世界

从中国的城市飞往韩国的城市，十分方便，不仅北京、上海、广州、深圳、香港这些大城市有飞往首尔、釜山、济州岛的航班，像青岛、烟台等地也有航班飞往韩国。在烟台或是威海还能乘船前往韩国。

 回首月落处·女·从历史深处观景

前往韩国的时候，遇上了台风，航班延误了两个多小时，所幸还是平安降落了。不过，暴雨过后，在韩国的旅游整个行程都变得清爽起来了呢。处处都能看到蓝天白云的美景，呼吸着新鲜而又略带湿润的空气，延误的那两个多小时又算得了什么呢。

 陌路·女·即便要老去，但记忆仍在

我是在办完签证以后才订的机票，所以比很多人的都贵了不少。所以建议大家还是早一点订打折机票。最好预订大韩航空，去国外旅游能感受一下国外航空公司的服务，那感觉确实不错。

PART 1 去韩国要做的9件事

★ 常用的机票预订网

在国内常用的机票预订网站上都可以订到前往韩国城市的飞机票,其中去哪儿、携程、天巡等都是不错的选择,也可以在这几个网站上多搜索几次,以选出最佳组合。同时也可以在各大航空公司的官方网站上查询特价信息。

常用的机票预订网推荐		
名称	网址	特色
去哪儿	www.qunar.com	信息全面,常有特价机票
携程	flights.ctrip.com	有各类国内外低价机票
一起飞	jps.yiqifei.com	有一年内各国航空公司的航班,价格便宜,可在不付款的情况下出飞机票订单
天巡	www.tianxun.cn	可比较一月之内或一年之内任何航班线路的机票价格,辅助用户选择价格最优的目的地

★ 提供直飞韩国航班的航空公司

中国可直飞韩国的航空公司有中国国际航空(CA)、中国东方航空(MU)、中国南方航空(CZ)等,韩国的大韩航空(KE)、韩亚航空(OZ)等公司都有直飞航班从中国各大城市飞往韩国。除了直飞航班外,还可以选择转机航班前往韩国。

中国飞韩国的航空公司推荐		
名称	直飞航线	网址
中国国际航空	北京飞往首尔(仁川、金浦)、釜山、济州岛 上海至釜山 青岛至首尔(仁川、金浦)	www.airchina.com.cn
中国东方航空	北京至济州岛 上海至首尔(仁川、金浦)、釜山、济州岛 青岛至首尔(仁川、金浦)	www.ceair.com
中国南方航空	北京飞往首尔(仁川、金浦)、釜山 广州至济州岛	www.csair.com
大韩航空	北京飞往首尔(仁川、金浦)、釜山、济州岛 上海至釜山 青岛至首尔(仁川、金浦)	www.koreanair.com/global/zh_cn.html
韩亚航空	北京飞往首尔(仁川、金浦)、釜山 上海至釜山 青岛至首尔(仁川、金浦)	cn.flyasiana.com/C/ch/main.do
韩国真航空	上海至济州岛	www.jinair.com

★ 购买廉价机票小策略

购买飞往韩国城市的机票,可以提前一个多月购买,那个时候的机票价格比较合适。如果对于机票价格比较在意,可提前3个月就开始关注票价变化,遇到价格低点就果断出手。可登录各航空公司的网站查询,也可通过实用的廉价航空比价网,搜索便宜的机票。

实用的廉价航空比价网推荐		
名称	网址	特色
全球低价航空公司	www.attitudetravel.com/lowcostairlines	确定想去的区域、国家,即可找到所有飞往该国的低价航空公司,再点相应的航空公司,即可得知各家的航线和特惠
最后一分钟 Lastminute	www.lastminute.com	紧急寻找廉价机票的比价网
Whichbudge	www.whichbudget.com	搜索各种廉价航空信息
玩够 Wego	www.wego.com	可同时搜索上百家公司的机票,不卖机票,帮助对比所有卖机票网站和航空公司网站的价格
卡雅 Kayak	www.kayak.com	信息量大的搜索网站,不卖机票,帮助对比所有卖机票网站和航空公司网站的价格,能搜出便宜的机票,廉价航空公司的除外
Vayama	www.vayama.com	专门为国际机票而开的网站,可以买到最高60%折扣的国际机票

★ 机票预订不可忽略的事

购买前往韩国的机票时，需要提供护照号码（Passport No.）、出生日期（Date of Birth）、护照有效期至（Passport Expiry Date）、护照签发国家（Country of Issue）、居住国地址（Country of Residence）、韩国目的地地址（US Address）等信息。在购买机票的时候还要留意各航空公司对于行李的要求，以免在登机时因携带不符合规定的行李而耽误行程。

主要航空公司行李规定	
航空公司	行李规定
中国东方航空	托运行李：头等舱2件，公务舱、经济舱1件，重量以5千克为限，三边之和不超过115厘米 手提行李：头等舱2件，公务舱、经济舱1件，重量以5千克为限，三边之和不超过115厘米
中国国际航空	托运行李：头等舱、公务舱2件，每件重量限额为32千克；经济舱2件，每件行李重量限额为23千克；行李三边之和不超过158厘米 手提行李：头等舱2件，每件不超过5千克；公务舱、经济舱1件，重量不超过5千克；三边之和小于115厘米
中国南方航空公司	托运行李：45千克/件 手提行李：头等舱2件，公务舱、经济舱1件，三边之和小于115厘米

★ 图解韩国机票预订流程

预订前往韩国的航班，国内的航空公司网站十分方便，如果打算在韩国的航空公司官网预订机票的话，大部分都有中文网页，也不会很麻烦。登录韩国航空公司的网站后，只要能够正确选择中文网页，预订机票就变得十分简单了。下面以大韩航空公司官网订票为例，详细介绍订票流程。

预订韩国机票流程图

① 进入网页，选择中文

进入大韩航空公司官方网站，点击左上角简体中文，选择预订航班。

点这里选语言

点这里选航班

❷ 填写相关信息，查询航班

选择往返机票，填写城市名称 [需要注意的是首尔有 2 座机场，金浦国际机场（GMP）比仁川国际机场（ICN）距离首尔市区更近，也更方便，仁川国际机场更适合购物]，然后点击"航班查询"。

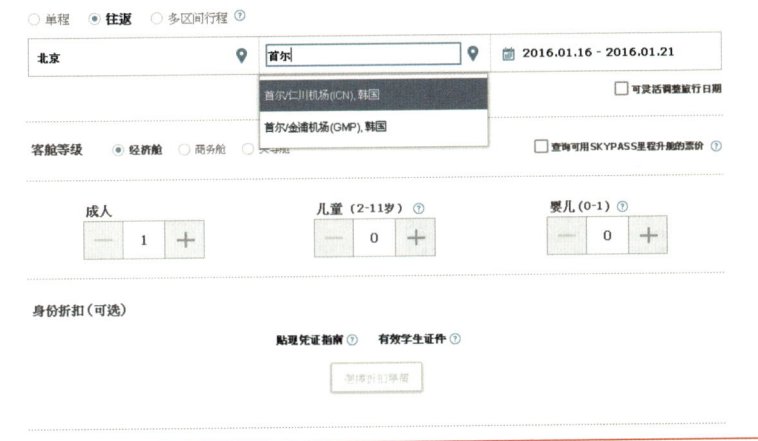

❸ 跳出提醒框，点击"继续"

航空公司网站会提醒游客，需要有相关签证才能入境韩国。

❹ 选择合适的航班

根据机票价格和往返时间，选择适合自己的机票，在网页右侧显示机票价格。

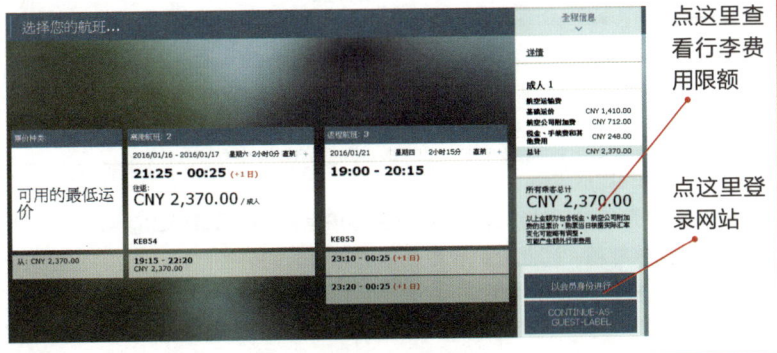

点这里查看行李费用限额

点这里登录网站

❺ 查看其他信息

在网页右侧点击"可能产生的额外行李费用",查询航空公司对于行李的相关要求。

❻ 填写乘客信息

登录大韩航空会员账号,如果不是会员可注册,可以使用非会员通道。填写乘客相关信息,注意名字与证件号码应当与护照一致。

❼ 确认信息,完成支付

填写好联系信息,特别是邮箱地址为必填信息,机票订单的信息会以邮件方式发送到该邮箱,而此订单也是在申请签证时的必备材料。填写完成后,点击"立即支付"完成付款即可。

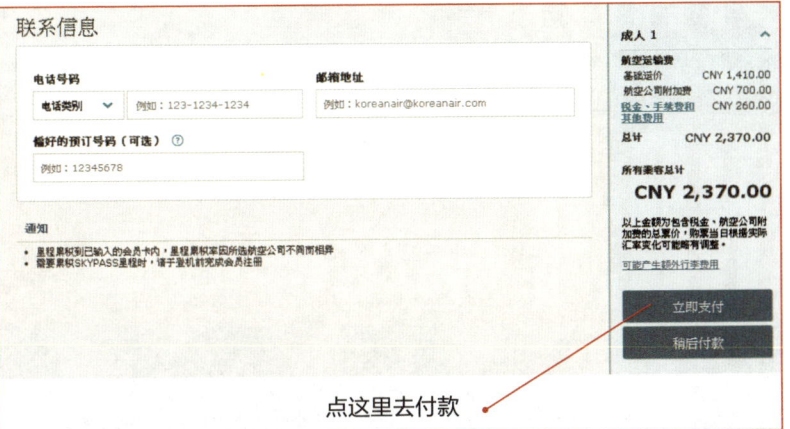

点这里去付款

管家提示

节省机票费用小窍门

1 在高峰期之外出行，高峰期包括圣诞节、新年、五一假期、十一假期和暑假（7月和8月）。

2 查看旅行社、报纸、旅行网站和航空公司网站的特价优惠。大多数主要航空公司在其网站上有一个"特价优惠"专区。

3 寻找旅游套餐计划。好的旅游套餐计划会提供个人消费无法享受到的低费率机票价格和食宿。

PART 1 去韩国要做的9件事

Online Booking

NO.4 订酒店就这样简单

过来人经验谈

 心野路子宽·男·去看看前面我不了解的那个世界

如果有机会还是要在韩国体验一下不同的住宿类型,在韩国的酒店住宿,除了会比较习惯之外,还能感受到韩国更为细致的服务,例如化妆台前各种各样的化妆品、浴室里专门准备的幼儿洗浴用品(在下订单时有备注说明带小孩子入住)、免费赠送的维生素等。在韩屋住宿则能感受到地道的韩国风格,不过对于睡眠要求比较高的游客最好带上一副耳塞备用,韩屋的隔音效果不是太好,戴上耳塞可以给自己一个更好的睡眠。

 小黄人·男·父亲的肩膀是最美的翅膀

釜山入住的酒店房间不大,却很干净,甚至卫生间还有浴缸,房间内有地暖、电脑、冰箱等,提供各种沐浴用品、护肤品,以及免费水、饮料、咖啡和茶。我们在釜山的所有时间都是住在这家酒店,连小妞儿在结束了一天的行程后都会说,我们回"家"吧,由此可见一家舒适的酒店对于旅行质量有多么重要。

★ 韩国常见的住宿类型

确定了在韩国旅行的行程后,就要开始着手预订酒店了。韩国的住宿类型多种多样,有星级酒店、居住式饭店、韩屋住宿、青年旅舍、连锁观光酒店(如本昵良宵,Benikea)、官方推荐酒店(如良宿,Goodstay)等。韩国的酒店可在常用的酒店预订网站、酒店官网以及韩国旅游发展局官网上预订，或是致电给韩国的酒店，直接预订房间。如果自己的行程尚未完全确定，可以先预订一些不用提前付费的酒店，不至于在行程有所改变的时候损失预订费用。

韩国住宿类型概况		
类型	信息	图示
星级酒店	分超豪华（5星）、豪华（4星）、一级（3星）、二级（2星）和三级（1星）5种。以双人间为例，超豪华饭店20万～40万韩元/晚，豪华饭店15万～25万韩元/晚，一级酒店10万～15万韩元/晚，二级5万～10万韩元/晚，三级酒店为3万～10万韩元/晚，除此之外，还需要增付房费10%的税费和10%的服务费	
居住式饭店	类似于公寓式酒店，适合居住时间较长的游客，因设施和装修的不同，价格差异较大。带有独立厨房、高级沐浴间的价格为15万～50万韩元/晚，在此基础上配以桑拿浴室、高级办公设备及齐全电器的价格为60万～85万韩元/晚，长期居住的游客能享受到较多优惠	
韩屋住宿	这是感受韩国传统文化和生活方式的最佳选择，由于地点的不同，价格差异很大，游客可以根据住宿地距离景点的远近选择。韩屋住宿一般配有简单的家用电器、西式卫生间等设施，但部分韩屋住宿地使用的是户外公共卫生间，对此比较介意的游客一定要在预订酒店之前询问清楚	
青年旅舍	青年旅舍在韩国很受青年游客的追捧，青年旅舍内多是来自世界各地的年轻游客，在那里很容易找到志同道合的朋友。青年旅舍的住宿条件一般，多为上下铺和公共卫生间，价格为1万韩元/晚起	
本昵良宵	本昵良宵是韩国旅游发展局运营的连锁观光酒店，属于廉价宾馆，类似于国内"7天""如家"的档次，可在本昵良宵官方网站 www.benikea.cn 查询相关信息和预订	

PART 1

去韩国要做的9件事

★ 最常用的酒店预订网站

在中国预订韩国住宿的常用网站有缤客（Booking）、雅高达（Agoda）、国际青年旅舍联盟等，这些网站选择较多，价格比较低廉。也可以在本昵良宵（Benikea）、韩国酒店（Koreahotel）等网站上预订韩国特色酒店。

驴友常用的酒店预订网推荐		
名称	网址	简介
缤客网	www.booking.com	有中文网站，使用方便，但可选择的住宿地相对来说较少
雅高达	www.agoda.com	提供全球低价的酒店折扣价格，预订酒店需要提前付款，可以使用双币信用卡、储蓄卡或者支付宝付款
本昵良宵	www.benikea.cn	韩国 Benikea 连锁观光酒店，选择性大
韩国酒店	www.koreahotel.com/korea/index.php	可以预订韩国各城市酒店
国际青年旅舍联盟	www.hihostels.com	可以查询及预订国际青年旅舍
酒店通行	cns.hotelpass.com/main/default.asp	韩国文化观光部下属酒店预订网站
比驿	www.biyi.cn/Place/South_Korea.htm	韩国著名酒店比价网站，酒店类型多，覆盖韩国大部分城市

★ 酒店预订不可忽略的事

韩国酒店大部分不会提供一次性的个人用品，如牙膏、牙刷、梳子等，但豪华星级酒店从洗漱用品到护肤品一应俱全，甚至美容化妆用品都有，需要根据自身情况提前了解清楚。另外，酒店是否提供免费 Wi-Fi、是否允许抽烟、报价是否已含税费、入住时间、房间内是否有保险箱及电视空调等设施，都需要提前了解清楚，自驾游的游客还要格外关心酒店是否提供免费停车场，带孩子游韩国的游客则需要向酒店确认是否能给儿童加床、儿童不占床是否收费等问题。

管家提示

在首尔住宿，如果喜欢热闹，可以住在仁寺洞，这里到明洞、清溪川都很方便，门前有三条地铁线路可以乘坐，还有超多的小吃摊、超市等。我们住的是韩屋，主人是个热情的"A Zu Ma（大婶）"，特别喜欢跟我们聊天，早上还会帮我们准备丰盛的早餐，住在这里真的有在家的感觉。

NO.5 有钱没钱 都别任性

PART 1 去韩国要做的9件事

过来人经验谈

回首月落处·女·从历史深处观景

出发前因为看了游记，说换钱的地方很多，而且汇率也比在柜员机和国内换要更划算，所以我们没有换很多韩币。在首尔第1天，我们一路上没有发现很多换钱的地方。所以后来有些悲剧，钱不够用了，只能在柜员机上取，而且后来才算出来在一定的金额内，手续费都是一样的。我就这样白白给了两三次手续费。所以大家如果看到汇率比较划算时，可以多换点钱。有时候因为走的多数是景点，换钱的地方未必多，所以不要轻视了这件事。

米粒儿·女·90后·旅行狂人

出发前本来打算换一些韩元的，但是小麦说根本没有必要。后来在仁川机场的时候还是换了20万韩元，要是把充到交通卡的钱单算的话，这些现金基本就够路上使用四五天了。在首尔除了小吃摊和一些餐馆外，基本都能用银联卡，非常方便。下面列出一些花费的具体数额，以供参考。交通：釜山金海机场至西面大巴3600韩元/2人，KTX高速火车75 200韩元/2人，南山缆车12 000韩元/2人。吃：香蕉奶1200韩元/瓶，鱼饼烧3000韩元/袋，纸杯鸡肉2000韩元/份，参鸡汤36 000韩元/2人，帝王蟹114 000韩元，明洞炸猪排20 000韩元/2人，烤肉37 500韩元，韩定食77 000韩元/2人，咖啡8000韩元。

★ 哪些银行卡在韩国能用

韩国的首尔、釜山、济州岛等热门旅游目的地，大多都能接受银联卡消费。另外，维萨（VISA）、万事达（Master）、吉士美（JCB）等国际性的信用卡在韩国的使用范围也极其广泛。

★ 如何在韩国使用信用卡

在韩国刷卡消费十分方便，首尔、济州岛等地的很多商店都贴有银联标识，在这些地方购物可以直接刷银联卡。韩国友利银行（Woori Bank）、外换银行（KEB Bank）、SC第一银行（SC Fisrt Bank）、韩亚银行（Hana Bank）、济州银行（Jeju Bank）等银行的环球ATM上均可使用银联卡直接提取韩元。

除了可以在常见的ATM取现金外，还有一种可以取现金的机器CD（Cash Dispenser）。CD机只有提取现金的功能，多设于地铁站、便利店、火车站、客运站和百货商店附近。大部分的CD机都是24小时开放的，但由于CD机的故障机较多，并不是每一台都能使用，建议提前备好韩元现金。CD机一般有韩文和英文操作界面，偶尔还附有日文和中文的操作界面。若在使用ATM/CD机器中有任何疑问或需要帮助，可拨打旅游咨询热线（1330）请求帮助。

ATM 取款流程图

❶ 找到带有银联标识的ATM

❷ 插入银行卡

❸ 选择语言界面

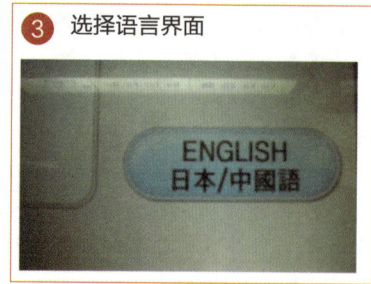

④ 选择中国银联，输入6位数密码，否则只有4位密码空格，无法输入正确密码

⑤ 输入取款金额，取出现金，退出卡片

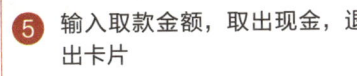

1 在境外ATM上使用银联卡取款要注意额度，按相关规定，大多数借记卡单卡每日累计可取不超过1万元人民币的等值外币，信用卡累计取款限额请咨询发卡银行。如果超过取款限额，很可能因超限被拒。

2 此外，韩国境内的ATM对每笔ATM取款有限额，其中友利银行（Woori Bank）ATM的取款限额为每笔60万～100万韩元，外换银行（KEB Bank）ATM的取款限额为每笔60万韩元。具体每台ATM取款限额请以操作界面提示为准。如有大额取款需求，在ATM上多次操作即可（但每日累计取款依然不超过国家及发卡银行规定）。

★ **支持韩元兑换的银行**

中国银行、中国工商银行、中国农业银行等各大银行都支持中韩货币兑换，带上自己的护照和身份证就可以到银行的货币兑换网点兑换韩元了。也可以查询当时的汇率，如果美元兑换韩元汇率较高，也可以先在国内的银行兑换美元，到了韩国再将美元兑换成韩元，比较划算。

在韩国兑换

在国内兑换一部分韩元后，到韩国再找换钱所兑换一些韩元，是比较主流的做法。在韩国当地用人民币或美元兑换韩元很方便，在银行、机场、车站、酒店、邮局、街边都很容易找到可以兑换韩元的机构，但各个地方的兑换汇率和手续费不尽相同，要根据实际情况作出比较后再进行兑换。

★ 带多少韩元现金合适

去韩国旅行，不用携带太多现金在身上，大部分的酒店、餐馆以及商场都可以刷卡结账。按照自己的行程安排，每天 5 万韩元左右就足够旅行中的现金消费了。兑换 35 万韩元（约 2000 元人民币）的现金基本上够在韩国一周游了。如果在旅行过程中发现韩元现金不够用，也可以在随处可见的 ATM 或换钱所取韩元现金或兑换韩元。

管家提示

韩国主要兑换银行营业点

在韩国，外换银行、国民银行、新韩银行、韩亚银行 4 家银行可兑换货币。这几家银行在仁川机场、金浦机场、釜山、济州等地均有营业网点。

韩国银行主要货币兑换营业点				
名称	城市	地址	电话	交通
外换银行	首尔	首尔中区乙支路2街181号	02-37098080	地铁2号线乙支路入口站5号出口
	釜山	釜山市中区中央洞4街89-1号	051-4631681	地铁1号线中央站14号出口
	济州	济州市一徒1洞1430-9号	064-7572171	中央转盘道友利银行对面
国民银行	首尔	首尔中区南大门路2街9-1号	02-20737114	地铁2号线乙支路入口站6号出口
	釜山	釜山市中区中央洞2街15-1号	051-2480271	地铁1号线中央站3号出口
	济州	济州市一徒1洞1474-1号	064-7586171	南门十字路口左转
新韩银行	首尔	首尔中区太平路2街120号	02-7560505	地铁2号线市厅站9号出口
	釜山	釜山市中区中央洞4街56-3号	051-4625801	地铁1号线中央站17号出口
	济州	济州道济州市一徒1洞1298-1号	064-7525500	中央转盘道塔洞方向500米
韩亚银行	首尔	首尔中区乙支路1街101-1号	02-20021111	地铁2号线乙支路入口站1号出口
	釜山	釜山市中区中央洞1街23-5号	051-2571111	釜山百货店后门向中央洞走50米可到
	济州	济州道济州市二徒2洞1176-17号	064-7521111	济州市厅十字路口处向东部警察厅方向步行100米可到

NO.6 让行李乖乖听话

 过来人经验谈

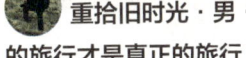

重拾旧时光·男·与家人一起的旅行才是真正的旅行

前往韩国旅游，带上几双换洗袜子十分必要。因韩国习惯进屋脱鞋，如果没有足够数量的换洗袜子，加上每天游览的奔波，在去别人家里做客的时候难免尴尬。

 匆匆年少·女·来去总是太匆匆

在首尔市区很少能看到专门的垃圾桶，前往首尔旅行时准备一些垃圾袋，十分必要。在外面吃了东西，包装纸、包装盒什么的，要么自己装在包里带回酒店扔，要么交给卖东西的老板处理，身上不准备点垃圾袋真的很不方便。

 米粒儿·女·90后·旅行狂人

我们去釜山的时候，把行李寄存在首尔站，只背了背包出发。首尔站的存包机器很好用，一个大柜子（能放下28寸行李箱）3000韩元，还有小柜子（放20寸行李箱）1500韩元。相对于在韩国随时上下坡的路上，提着笨重的行李箱跑来跑去，把行李箱寄存在火车站，实在是很明智的选择。

 陌路·女·即便要老去，但记忆仍在

到韩国旅游，很多游客都会买化妆品、电子产品甚至零食等，所以，轻装简行出发，是整理韩国旅行行李的最主要要求。可以带上两个大行李箱，空出的部分正好可以放购买的物品。如果觉得行李箱太空，怕里面的东西来回滚动，可以在行李箱内放上几个空的纸盒，购物后，将纸盒取出即可。

PART 1 去韩国要做的9件事

★ 必备行李

必备行李主要有证件类、衣物类、药品类、通信拍照类、清洁卫生类及护肤品类等。其中,护照、机票和酒店订单、现金(人民币、韩元)、银行卡和信用卡等是最不可或缺的,衣服、手机等物品在韩国都能很方便地购买到。

自驾游额外行李

打算在韩国自驾游的游客,最好在出发前准备一些与自驾游有关的行李带上,做到有备无患。如带有导航的电子设备、下载离线地图、购买中韩文的地图以及驾照的翻译公证件等。

★ 做个行李备忘录

在准备行李的时候可以列出一份行李备忘录,在准备和打包行李的过程中更加方便。

行李准备清单						
证件类			衣物类			
类别	带齐打√	备注	类别	带齐打√	备注	
签证			长衣长裤			
护照			T恤、短裤			
学生证			沙滩衣裤			
青年旅舍会员卡			内衣内裤			
证件照及电子版			外套			
现金及信用卡			鞋			
驾照及公证件			围巾			
行程单			遮阳帽/伞			
笔和纸			太阳镜			
药品类			护肤品类			
类别	带齐打√	备注	类别	带齐打√	备注	
驱蚊药			防晒霜			
创可贴			洗面奶			
感冒药			爽肤水			
眼药水			润肤乳			
藿香正气丸			眼霜			
诺氟沙星			隔离霜			

续表

通信拍照类			清洁卫生类		
类别	带齐打√	备注	类别	带齐打√	备注
手机			毛巾		
相机/DV			牙膏牙刷		
存储卡			梳子		
替换电池			剃须刀		
充电器/充电宝			湿巾/纸巾		
插头转换器			生理用品		
地图			旅行三宝（U型枕、耳塞、眼罩）		
攻略指南					

行李打包流程

1 所需物品放一起

将所有需要打包的物品放在一起，可方便整理，还能避免打包结束后又要拆包放置被遗忘的物品。

2 摆放物品有先后

行李箱内物品应按照衣服在底其他物品在上，垂直应为上轻下重的顺序摆放。背包内一般放置证件、充电器、洗漱包等常用的日常物品。

3 掌握技巧多装东西

合理利用箱包内的空间能够装进更多的东西，将衣服卷起来，杯子里放上毛巾，在打包后将袜子或丝巾等物品卷成卷放入有空隙的角落等都是不错的打包技巧。

4 打包带必不可少

一根打包带能使行李箱多一份安全保障。

tips

1 使用不同收纳袋，将不同类型的物品分类放置，便于查找和使用。

2 托运行李时要使用海关锁。海关会抽查托运行李，如果不是海关锁，箱子很可能被撬开损坏。

管家提示

行李在托运过程中，不可避免地要被丢来丢去，选择行李箱时，以轻便和坚固为重点，以能承受一定压力为宜。对包装不合要求的行李，航空公司有权拒绝收运。此外，为了防止拿错行李的"乌龙事件"发生，在出门前可在行李的上下两面贴上自制的特殊标志，或在手柄上绑色彩鲜艳的绳子、布条等，也可在行李内侧的标牌上用英文写上姓名、住址、到达目的地等信息。

NO.7 随时随地能联系

过来人经验谈

心野路子宽·男·去看看前面我不了解的那个世界

现在出国真是觉得网络不可少,而且有网络对于旅行很有帮助。我们去韩国的时候,在网上订了特价的随身 Wi-Fi(传说中的"Wi-Fi 蛋"),12元人民币/天,出发的时候在国内就能拿到,500 元人民币的押金,退机后押金返还。随身 Wi-Fi 天天都要充电,我们几乎全天使用,晚上回去就充电,白天偶尔使用移动电源,没有出现过随身 Wi-Fi 没电关机的情况。

匆匆年少·女·来去总是太匆匆

租 Egg(Wi-Fi 蛋)还是租手机根据自己的需求了,不过现在用网络的频率一般远高于打电话发短信,租一个 Egg 就能满足至少三个人的上网需求,十分方便。但是缺点也很明显,万一走散了就会有人没有网,难以联络。Egg 容易没电,出门一定要带好移动电源。

米粒儿·女·90 后·旅行狂人

韩国的 KTX 高速火车上提供免费 Wi-Fi,但是只能使用 1 小时,我们自己的 Wi-Fi Egg 在 KTX 高速火车上基本没有信号。在仁川机场 Alleh 柜台租 Egg 的时候,服务员跟我们说 Egg 可能在釜山的某些地方没信号,但是在釜山坐地铁的时候,刷微博刷了一路,信号依旧满格。

★ 方便快捷的国际漫游

打电话或是在网上营业厅都能开通国际漫游业务，办理国际漫游业务后，使用自己的手机就可以在韩国接打电话、上网了，十分方便。不过通话量大的游客应当考虑到高额的话费问题。

资费信息（韩国）								
国家	拨中国内地	漫游地接听	拨漫游地	拨其他国家和地区（不含特定国家和地区）	发短信回中国内地	发短信至其他国家和地区	收短信	数据流量	4G漫游
	元/分钟				元/条				
韩国	0.99	0.99	0.99	3	0.39	1.29	0	3元包3M	支持

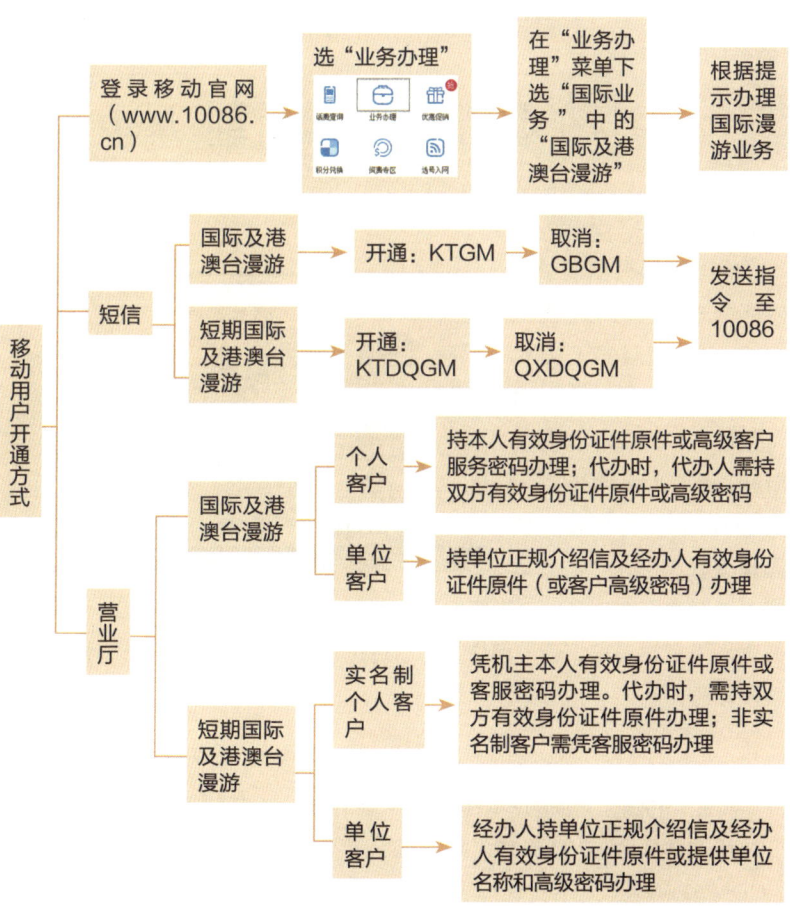

联通用户

运营商名称	拨打漫游地（元/分钟）	拨打中国大陆（不含港澳台）（元/分钟）	漫游地接听（元/分钟）	发中国大陆（不含港澳台）短信（元/条）	数据漫游（元/KB）
美国资费信息					
韩国KTF	1.06	1.06	1.06	0.36	1.26

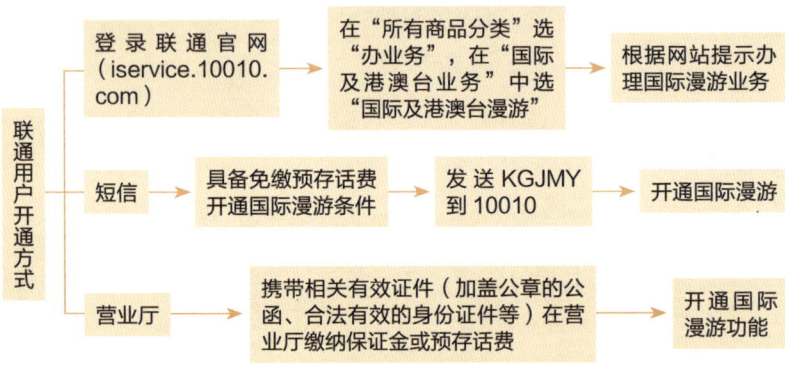

电信用户

中国电信根据漫游地网络制式不同为用户提供 CDMA 国际漫游（简称"CtoC 漫游"）和 GSM（包含 WCDMA）国际漫游（简称"CtoG 漫游"）。若想开通 CtoG 漫游，需办理天翼国际卡。办理国

际漫游需携带有效身份证到营业厅办理，普通用户需要交纳 500 元押金，如果是天翼钻石卡、金卡用户，可通过拨打中国电信客户服务热线 10000 直接开通。

tips

由于韩国运营商的网络制式与中国的网络制式不同，所以打算去韩国开通国际漫游的游客，必须保证手机制式为 GSM、WCDMA、CDMA2000。

★ 巧用免费网络

韩国网络的覆盖率很高,很多机场、酒店、餐厅与商场都有免费Wi-Fi。在韩国境内上网是一件很容易的事情,但是由于韩国大部分的免费Wi-Fi都是针对韩国运营商开放的,也就是说,即便有着满格的免费Wi-Fi信号,如果原来的手机是国内运营商的信号,就很可能无法连接到免费Wi-Fi的网络。对于网络依赖性较高的游客,可以在机场租赁一个Wi-Fi蛋,即Wi-Fi Egg,这样就能随时随地保证网络的畅通了。

韩国常见 Wi-Fi 蛋价格表

提供终端种类	使用费用(天)	押金	提供容量
GALAXY TAB Wibro	1万韩元	40万韩元	无限
Wibro 调制调解器	5000韩元	15万韩元	
Wibro 综合调制解调器(3G+WIMAX)	8000韩元	20万韩元	
Egg(Mobile Wi-Fi)	8000韩元	20万韩元	

打开电源

▼

搜索网络

在智能手机或 PC 上搜索 Wi-Fi 网络

▼

选择搜索的 SSID

▼

准确输入 KEY(网络密码)

SSID 和 KEY 粘贴于终端机上

▼

连接成功,无限使用 Wi-Fi

若指示灯显示为红色,则表示在本区域无法使用 Wi-Fi

▲ Wi-Fi 蛋使用流程图

tips

1 什么是 Wi-Fi 蛋

Wi-Fi 蛋是一个外形酷似蛋的移动网络终端,可以看作是一个随身携带的路由器,连接后能够随时发出 Wi-Fi 信号。

2 押金怎么付

租赁 Wi-Fi 蛋时,支付押金可以选择信用卡(开通超过 6 个月并带有凹凸标)支付或是现金(人民币、美元、韩元均可)支付。借记卡无法支付押金。

3 使用费用怎么支付

在任意返还地点,可以使用现金(韩元)、借记卡、信用卡支付租赁费用(1 天的使用费 × 租赁天数,须另付 10% 的附加税)。

4 其他注意事项

在使用 Wi-Fi 蛋时,在国内出发前需要把 GPRS 人工关闭,否则国际 GPRS 流量收费惊人!

★ **租赁韩国手机**

韩国手机普遍采用 CDMA 制式,部分中国手机在韩国无法使用,遇到这种情况,可以在机场租赁一部韩国手机,保证自己在韩国旅行期间接打电话的需要。韩国各大机场都有手机租借柜台,可以通过网络预约租借,也可以持本人护照和银联卡或信用卡在柜台直接办理租借手续。办理手续之前,记得询问工作人员是否有优惠活动。

tips

通信预约网站			
名称	简介	网址	二维码
EGsim 卡	SIM 卡预约、查询话费信息	www.egsimcard.co.kr/CHN_S/shouye/index.asp	
SK 公司	租赁手机、租赁"Wi-Fi 蛋"、话费模拟计算	www.skroaming.com/main.asp	
KT 公司	租赁手机、租赁"Wi-Fi 蛋"、预付费 SIM 卡	roaming.kt.com/renewal/chn_s/main.asp?channel=KTO	

★ 教亲人如何与你联系

打电话

从中国往韩国拨打国际电话时,先按00+82(韩国国家代码),然后按地区号码(去掉地区号前第一个0),最后输入要拨打的电话号码即可。

例如:往首尔(地区号码02)的7777777拨打电话,按0082+2+7777777即可。

微信/QQ

出国前帮亲人在手机上下载并安装微信或QQ,互相加为好友。在韩国,用手机上网相当方便,酒店、大型购物商场等一般都有免费Wi-Fi。如果没有Wi-Fi,移动的国际漫游流量是3元人民币/3M,当天流量费30元封顶、总流量50M封顶并暂停流量功能。如果这些流量不够用,又找不到免费Wi-Fi,建议到网吧与亲人联系。

管家提示

韩国繁华街道、巴士客运站附近、地铁站或火车站等地区设有公用电话,韩国的公用电话可以拨打韩国国内电话,也可以拨打国际电话。公用电话一般都是既可以投币也可以刷卡的电话机。电话机前面有麦克风形状的按钮,可按照1、2、3阶段调节音量。刻有"L"字的按钮是语言选择键,按下后LCD窗口便会以英语、日语、汉语的顺序显示提示。

电话卡可以在公用电话附近的便利店、商店购买。电话卡有效期间为3年,分为3000韩元、5000韩元、10 000韩元3种。

NO.8 用保险为旅行护航

过来人经验谈

 重拾旧时光·男·与家人一起的旅行才是真正的旅行

外出旅行无论是不是真的会有危险发生，给自己买一份保险，都是对自身安全的保障。一旦有意外情况，保险真的能起到很大的作用。

 回首月落处·女·从历史深处观景

由于第一次去韩国游玩，对旅行目的地也没有认识，就买了份综合型韩国旅游保险。这种保险主要针对各类发生频率较高的小意外事故，据说可以让人获得更高的赔付概率。

★ 哪些保险公司靠谱

去韩国旅行前买份境外旅行保险很有必要。在国内购买，可选择中国平安、中国人寿、太平洋人寿等保险公司投保，具体保险项目可到保险公司或其官网上购买，手续相当简单，不需要另外体检。

保险公司网站信息		
保险公司	网站	有关险种
中国人寿保险公司	www.e-chinalife.com	出境保险等
中国平安人寿保险公司	www.4008000000.com	境外旅游保险—全球等
中国太平洋人寿保险公司	www.ecpic.com.cn	境外旅行综合及紧急救援保险等
太平人寿保险公司	www.cntaiping.com	太平悠长假期旅行意外保障等
泰康人寿保险公司	www.taikang.com	泰康e顺签证宝旅行保障计划等

★ 花小钱换大保障

境外旅行保险一般包括意外险、医疗险等,有的还附加境外个人旅行不便保险、境外旅行法律责任险等项目。花点小钱办理境外旅游保险,可以换个大保障。

境外旅行险种推荐		
公司	险种	范围
平安保险	"畅行天下"境外旅行保险(全球行基础计划)	意外身故/残疾/烧烫伤、意外伤害医疗、紧急医疗救援、航班延误、行李延误、行李票证损失保障、旅行期间家财保险等
中国人保财险	全球旅游保险(e—四海逍遥游保险)	门急诊及住院医疗费用补偿、行李和随身物品丢失赔偿、托运行李丢失赔偿、意外身故和残疾给付等
太平洋人寿	"乐游人生"境外旅行救援保险(尊贵版)	境外意外伤害保险责任、境外住院医疗保险责任、境外紧急救援保险责任、附加境外个人旅行不便保险、附加境外旅行法律责任保险等
泰康人寿	泰康e顺签证旅游医疗险	旅游意外伤害/旅游意外医疗/转院及回国治疗

管家提示

购买保险后,建议随身带好急难救助电话和保单编号(有的保险公司会发给一张小的保险卡),一旦发生事故就能在第一时间通知保险公司,获得救助。正式保单则可以在出行前交给亲友保管。

NO.9 提前下载APP

 过来人经验谈

 重拾旧时光·男·与家人一起的旅行才是真正的旅行

在这个移动互联网的年代,手机里没几个韩国当下热门APP都不太好意思出门。出发前,我们下载了"Visit Korea"。不得不说,这是前往韩国旅游的必备神器,中文版本使用起来更加得心应手。

 米粒儿·女·90后·旅行狂人

在韩国旅行,韩巢网、韩游网这些网站的APP必不可少,然后就是"Visit Korea"这个韩国旅游发展局的官方APP了,吃住行游购娱,通通能搞定。如果打算到韩国血拼,新罗免税店、乐天免税店也都有自己的官方APP,在这些软件上下载优惠券,十分方便。手机APP经常有一些比网站更实惠的折扣活动,所以一定要用这两个APP实时关注那些你想买而经常缺货的免税商品哦。有了这两个APP还可以在逛街时实时查价格比对。

★ 找路用谷歌地图

谷歌地图是一个实用的地图软件,支持手机IOS系统、Android系统及Windows Phone平台,在手机应用商店搜索"谷歌地图",即可下载。

★ 旅游用猫途鹰

猫途鹰是一个提供酒店比价和折扣、景点、美食点评、旅游攻略的旅游综合服务平台，适用于iPhone、iPad、Android等软件。在手机应用商店搜索关键词"猫途鹰"，即可下载。

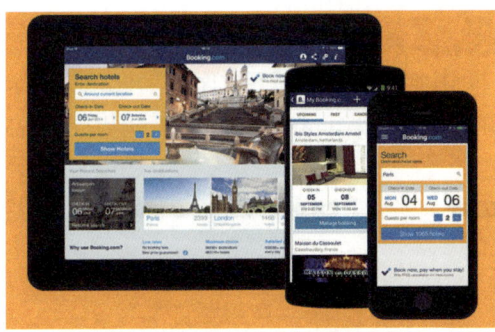

★ 订房看 Booking

Booking是一款订房软件，适用于iPhone、iPad、Android等系统，在手机应用商店搜索关键词"Booking"，即可下载。

★ 玩转韩国用官方指南

官方旅游指南是韩国旅游发展局研发的一款APP，有适合手机与平板电脑使用的不同版本，在各大手机应用商店搜索"Visit Korea"，即可下载。

住宿价格比较
一次性比较酒店预约网站AGODA、EXPEDIA、Hotels.com的价格
对3处代表性酒店预约服务的价格进行比较，并可以直接前往预约页面。

优惠券
提供购物、饮食、公演优惠券
可在主要旅游景区使用的各种移动优惠券。不需打印，仅需出示即可轻松使用的实用优惠。

专属旅游信息
附近景点、性别/年龄段旅游景点推荐
可以按类别查看附近景点，输入性别、年龄段可以推荐专属旅游景点。

地图功能
提供中文地图及指路服务
唯一的中文地图移动服务仅在Visitkorea！
地铁/出租车指路尽在掌中！

★ 首尔必备 iTourSeoul

iTourSeoul 是首尔市推出的官方手机应用软件,除详细介绍首尔人气旅游景点、购物中心、住宿设施、美食餐厅等综合旅游信息外,还可以申请免费 徒步观光路线,跟随文化解说员了解首尔最动听的人文故事,查看首尔城市观光巴士多条路线详细介绍。

★ 韩国出行坐地铁

韩国地铁是一款多国语版韩国地铁路线指南应用软件,有韩国首尔、釜山、大邱、大田、光州等地区的中文版地铁图,在各大手机应用商店搜索"韩国地铁",即可下载。

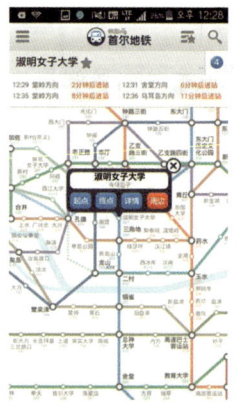

★ 玩转韩国很轻松

玩转韩国是韩国 BC 卡公司为访韩游客免费提供的韩国旅游资讯与服务手机客户端,在各大手机应用商店搜索"玩转韩国",即可下载。

★ 交流就靠翻译官

韩语翻译官内容包括韩国旅游中的交通、住宿、购物、景点等基本信息,中韩文可互译。在各大手机应用商店搜索"韩语翻译官",即可下载。

管家提示

提前下载与韩国旅游相关的 APP,将韩国装进手机里,还能获得相应的优惠券。下载相应的 APP,能迅速解决衣食住行、吃喝玩乐的疑惑,自由自在遨游韩国,享受最地道的韩国风味。但是下载软件一定要通过正规网站,以免在下载过程中遇到病毒。

Part 2

4大步骤详解出入境

NO.1 从中国出境

过来人经验谈

 匆匆年少 · 女 · 来去总是太匆匆

由于订的是上午的国际航班，所以还没睡醒就开始折腾，到了浦东机场换票、安检之后，还有两个多小时才登机，就在日上免税店逛了逛，给同事们带了些东西。据说日上某些化妆品牌价格是国内最低的（其实所有的东西都是给别人带的），如果出入境都是一个机场的话，可以先买了寄存在机场，回来的时候取也行。在日上挑选好商品可以回国取货时付款，如果在国外遇到性价比更高的，取货时退掉即可。

 回首月落处 · 女 · 从历史深处观景

想要有个好位置又不想太早去机场，可以在网上先行办理值机手续，十分方便。出发那天总担心东西没带齐，还逐一检查了护照、信用卡、机票及酒店订单等，并提前3小时到达首都国际机场。当天出境的人不是很多，办理登机牌的队伍并不是很长，托运完行李整个人就轻松了。经过一系列的检查，到达候机厅时还有将近1.5小时才能登机，为了打发时间，连接机场的免费Wi-Fi上网，安心等待登机。

★ 为何提早去机场

乘坐国际航班的旅客，要经过一系列安全检查，耗时较长，且一般国际航班起飞前1小时就不能办理登机手续。为确保顺利登机，建议在航班起飞前3小时到达相应航站楼。

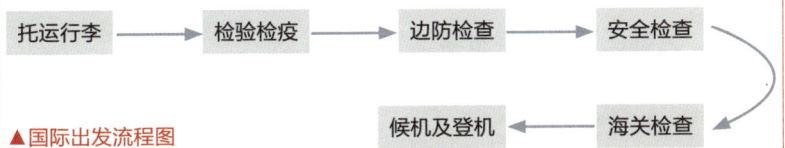

▲国际出发流程图

1 办理登机手续及托运行李

办理登机手续前，先确认是否携带有需向海关申报的物品。如有，填写"中华人民共和国海关进出境旅客行李物品申报单"，并在海关申报柜台办理申报手续。

2 边防检查

出示有效的护照证件、签证。

3 安全检查

提前准备好登机牌、机票和有效护照证件，交给安全检查员查验。旅客须从安全检测门通过，随身行李物品须经X光机检查。

4 海关检查

如果携带有向海关申报的物品，须带着物品申报单，走"申报通道"（又称"红色通道"）通关；如果没有，直接选择"无申报通道"（又称"绿色通道"）通关。

5 候机及登机

经过安检以后，可以根据登机牌标示的登机口到相应候机区休息候机。通常情况下，航班起飞前至少30分钟开始登机，可留意广播提示及航班信息显示。

★ 出入境登记卡

在飞机快要到达目的地城市时，空乘人员会发给乘客一份韩国出入境卡。韩国出入境卡又被称为韩国入国申告书，目前申告书上采用的是中文繁体字，如果不了解如何填写，可请空乘人员帮忙。

★ 一图看懂报关卡

从国外入境韩国的所有旅客都须向海关提交携带物品申报单，对于需要申报的物品一定要如实填写申报，海关工作人员会对未申报人员的行李进行抽查，一旦发现有需要申报的物品而没有进行申报的话，会销毁物品、罚款甚至不让入境。

大韩民国海关申报单

- 所有入境人员均需填写并提交此申报单。大韩民国海关官员需要时，可随时检查旅客的行李物品。
- 以家庭为单位入境时，家庭一员代表填写即可。
- 填写前，请务必阅读申报单背面的填写须知。

姓 名			
出生日期		护照号码	
职 业		停留期限	日
旅行目的	□旅游 □商务 □探亲访友 □公务 □其他		
航班号		同行家属	人

来韩前所访国家（共 国）
1.　　　　2.　　　　3.

地址（在韩住址）

联系电话（手机）　☎　（　　　　　）

海关申报事项

- 请在下列问题后□内划"✓"，若有需要申报的物品，请在"申报物品填写栏（下端与背面）"内填写。

	是	否
1. 是否从国外（包括国内外免税店）获取（包括购买、揭赠、赠送）超出免税范围的物品（参照背面1）	□	□
2. 是否携带需要受特殊优惠关税的FTA缔约国产品	□	□
3. 是否携带超过1万美金以上的支付工具（韩币、美金等法定货币、银行支票、旅行支票及其他有价证券等）【总额：约　　　　】	□	□
4. 是否携带韩国违禁物品与受限物品（枪支、炮弹、刀剑、毒品以及危害国家安全和社会稳定的物品）（参照背面2）	□	□
5. 是否携带动植物、肉类加工品等需要检疫的物品；是否前往过畜禽传染病发生国家的畜禽农场※凡前往过畜禽农场者，均要向韩国检疫检查总部申报	□	□
6. 是否携带销售品、公司货物（样品等）、他人委托携带品、寄存或暂时进出口货物	□	□

我保证以上所填申报内容属实无误。
　　　　年　　月　　日
申报人：　　　　　　（签名）

85mm×210mm （一般用纸 120g/m²）

1. 携带物品免税范围
▶ 烟・酒・香水

区分	酒	香水	烟
一般旅客	1瓶（不超过1升，且不超过400美金）	60毫升	200根
乘务员	如上（每月仅限一次）	-	200根

※未满19周岁旅客所携带的烟酒等物品，不属于免税范围。

▶ 其他物品

一般旅客	不超过400美金（限本人使用，礼品、随身用品）※ 农林畜产品、中草药等不超过10万韩元，每种物品的数量与重量均有所限制。
乘务员	不超过100美金（包括物品限带1件或1套）

2. 违禁物品与受限物品
- 枪支、炮弹、刀剑等类武器与仿真武器、炸弹、雷管、火药、放射性物质、窃听装置等
- 麻黄素、鸦片、海洛因、大麻等毒品与违禁医药品
- 危害国家安全、破坏社会稳定、泄露政府机密的物品
- 损害知识产权的冒牌产品、假钞、伪造有价证券等
- 熊胆、麝香、鹿茸、鳄鱼皮等濒危野生动植物与相关产品

3. 需检疫物品
- 活体动物（宠物等）、水产动物（鱼类）、鲜肉、肉脏、火腿肠、午餐肉、奶酪等肉类加工品
- 土豆、芒果、核桃、山参、松茸圆、橙子、樱桃等鲜果、坚果以及蔬菜等

【申报物品填写栏】
▶ 烟・酒・香水（若超过免税范围，则应填写所有携带物品数量）

酒	(　)瓶、共(　)升、金额(　)美金
烟	(　)盒（以20根为准） 香水(　)毫升

▶ 其他物品

品　名	数(重)量	价格（美金）

※ 填写须知
- 姓名应填写护照上的韩文名或英文名。
- 若发现未申报、虚假申报或代理携带的，根据大韩民国《关税法》将判处五年以下有期徒刑或给予拘留，增税（增收30%）、通告处分、没收等处汇。
- 根据FTA协议规定，凡符合一定要求的物品，均可享受特殊优惠关税，但需要事后申请特殊关税的，则应当进行一般进口申报。
- 若有其他疑问，请咨询海关官员或致电☎1577-8577。

▲大韩民国海关申报单

韩国携带物品须知	
类型	详细
禁止携带的物品（不可通关）	打火机、枪支、压力罐、管制刀具
	违反国家宪法、扰乱治安、伤风败俗的书籍、照片、录像带、胶卷、LD、CD、CD-ROM 等物品
	泄漏政府机密及间谍物品
	伪造、变造或仿造的货币、纸币、银行券、债券等其他有价证券

续表

类型	详细
限制携带的物品	枪、刀剑、火药类等武器（包括仿真品和装饰用品），易爆及有毒性物品，需要对枪炮、火药类进出口的人必须得到地方警察厅长的许可
	含有麻药类管理相关法律限制的鸦片、可卡因成分的麻药、神经性医药品类、大麻类等相关物品，需得到保健福祉家族部长官的许可
	面临绝种危机的野生动植物、野生动植物种类的国际贸易相关协约（CITES）中保护的野生动植物以及用这些动植物制作的产品
	贵金属（日常使用的金戒指、项链等除外）及证券（限制携带出入境的物品）
	银行支票、支票、邮局支票等
	超过相当于1万美元的对外支付手段（期票、汇票、信用证除外）、韩国货币（韩元）及韩元表示的旅客支票（出入境时需向海关申报）
	水产业法、水产动植物移植认可有关规定中的物品
	废弃物品的国家间移动及处理相关法律中的物品
	植物、水果、蔬菜类、农林产物
	动物（包括肉、皮、毛），畜产品

tips

有关韩国限制入境物品、旅客携带物品的免税范围、对超出免税范围物品的制裁办法、入境时需申报海关的物品等问题可以前往韩国关税厅官网 www.customs.go.kr/kcshome/site/index.do?layoutSiteId=chinese 查询。

 管家提示

最好在飞机上完成出入境卡和海关申报单的填写，以免下机后耽误入境时间。填好后，要将出入境卡、海关申报单和护照等证件放在一起，以待下飞机后检查。

NO.2 入境韩国别慌张

过来人经验谈

匆匆年少·女·来去总是太匆匆

入境时,韩国海关入境口的人很多,我选了一个相对人少的队伍排队,过了一会发现其他队伍的行进速度很快,但是我这一队超级慢。看着前面的人陆续被请进了旁边的办公室(俗称"小黑屋"),我这心里七上八下的,想换个队伍吧,又怕引起怀疑,只能随着队伍慢慢前进。等轮到我的时候,看着面无表情的"冷面海关",心里那个害怕啊。没想到的是这个酷酷的海关居然对我笑了一下,让我拍照录指纹,就直接盖章了。如此顺利地通过了海关,当时真的有一种想要大声呐喊的冲动。

小黄人·男·父亲的肩膀是最美的翅膀

在飞行过程中,漂亮的空姐会发放入境卡和海关申报单,根据自己个人情况填好,入境时交给海关的工作人员,还要回答问题,如为什么来韩国?在韩国有朋友吗?打算去哪些城市玩?之后,需要在指纹识别器上留下自己的指纹(两手食指)。接着,工作人员就会在护照上盖章,再把护照还给你,然后就可以出关了。

米粒儿·女·90后·旅行狂人

到了首尔排队过安检的时候,自己觉得回答问题时没有什么让人怀疑的地方,可是,海关工作人员在询问结束后还不罢休,竟然把我的护照交给了旁边的海关柜台,又让我站到一边等候,当时真是吓出来一身冷汗,难道要拒绝我入境？在度过了漫长的10分钟后，我的护照终于又回到了那位工作人员的手里，然后盖章放行，真是虚惊一场。

 陌路·女·即便要老去，但记忆仍在

济州的入境非常规范，我们没有排太长的时间，就完成入境、取行李等一系列事情。取完行李之后，我们在机场的旅游咨询处取免费的地图和景点介绍的资料，不过可能因为不是旅游旺季吧，资料的种类不是很多，也没有网上说的海陆济州的杂志。出来之后，就去找出租车，已经排起了长队。如果是去中文区或者西归浦，建议坐600路，然后再打车或者坐公交、步行，我们住的地方距离机场非常近，就直接打车了。

★ 入境审查不要紧张

下了飞机后，就要准备接受入境审查，所有年满17周岁的外国人入境韩国的时候，都要在入境审查台提供指纹和面部信息才可进入韩国。未满17周岁的人员和海外政府人员、国际机构人员及其家属，以及受韩国中央政府首长邀请入境的外国人可以免去该程序。

入境审查流程

1 提交入国申告书和护照

来到入境检察官面前后，需要出示带有韩国入境签证的护照和填写好的入国申告书。

2 采集两手食指指纹

入境检察官会示意入境者在指纹机上记录电磁指纹信息。

3 脸部拍照

指纹机上部的照相机会对入境者拍摄面部照片，拍照时不可打电话，不能戴眼镜和帽子等。

4 入境审查官确认过程

入境审查官会向入境者询问"来韩国旅游的目的"之类的问题。

5 盖章返证

如果没有特殊情况，工作人员会在护照上加盖入境许可章，然后将护照返回给入境者。

★ 行李领取不出错

在入境检查之后，可以前往行李大厅领取登记时托运的大件行李。在行李大厅一般都有大型电子屏幕，上面有航班号、始发国家、到达时间和行李领取台的号码等信息。游客按照上面的信息，在行李领取台领取行李即可。

★ 如何顺利出关

领取行李之后，就要接受海关检查了。韩国海关检查有红色和绿色2条通道，没有携带上税物品或禁止携带的物品的游客走绿色通道，有携带上税的物品或禁止携带物品的游客走红色通道。

tips

游客携带水果（杧果、橙子、番木瓜等）、蔬菜、种子、兰花、苗木等植物或泥土时，需在海关申报单上填写，在是否携带植物类（背面第3栏）勾选"是"，并向海关人员申报。

★ 如何适应韩国时间

韩国使用东九区时间，中国使用的是东八区的时间，因此韩国时间比中国时间早1小时。比如说，韩国时间是9:00，那么中国的北京时间为8:00；韩国时间为2:00，中国的北京时间为1:00，以此类推。基本对个人生活的影响不是很大，但到了韩国，还应该将自己的手机和手表上的时间调快1小时。如果手机时间能根据定位自动调整为韩国时间，则无须手动调整。

管家提示

通过海关检查出关后，就可以出机场了。但建议先不要出机场，可以去机场的问询处咨询一些旅游方面的注意事项，也可以领取一些当地的地图、公交车线路图及时刻表等。如果携带的现金都是人民币或者美元的话，可以在机场的兑换处（Currency Exchange）换一些零钱。

如果选择租车自驾游，可在机场的汽车租赁柜台办理手续，在机场停车场提车，自驾前往市区。

NO.3 从机场前往市区

过来人经验谈

小黄人·男·父亲的肩膀是最美的翅膀

到达仁川机场以后,我们没有急着前往市区,而是先在GS25便利店购买T-Money卡,当时存了5万韩元,后来10天的行程结束后还剩下了2万多韩元。然后就到国际到达大厅的地下一层乘坐机场轻轨前往首尔市区了,从机场到首尔站轻轨票价4050韩元。轻轨上有中英韩日电子屏及语音报站,不过语音的中文发音实在是听不懂,还是看显示屏比较保险。

陌路·女·即便要老去,但记忆仍在

在济州机场外面排队乘坐出租车,等了十几分钟轮到了我们,坐车10分钟不到就到了我们住的酒店。济州的出租车整体都比较宽敞、整洁,出租车司机会一些简单的英语和中文,总体感觉还是很亲切的。

★ 从仁川国际机场前往市区

仁川国际机场(Incheon International Airport)位于仁川西部的永宗岛上,距离首尔约52千米,是韩国规模最大的机场。机场内有乐天免税店、新罗免税店、新世界百货店、书店、银行、换钱所、药店等设施,非常适合海购,取货也方便。我国飞往韩国的大部分飞机都是在这里停靠。仁川国际机场交通便利,前往首尔市区有机场快线、机场大巴等多种交通工具可供选择。

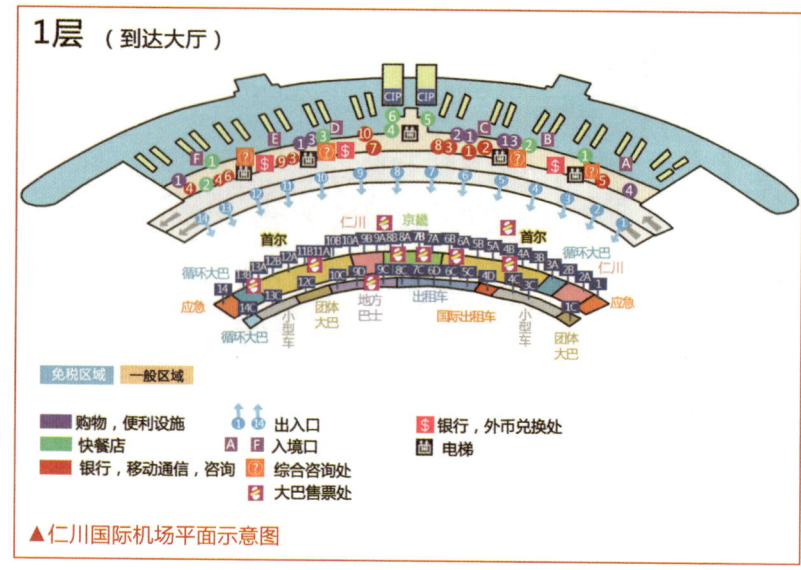

▲仁川国际机场平面示意图

乘机场快线

在仁川国际机场的地下一层交通中心乘坐机场快线（A'REX），一般列车（每12分钟一班）50分钟左右、停靠的第10站到达首尔站（서울역），直达列车（每30分钟一班）约40分钟就可到达首尔站。

乘机场大巴

机场大巴在航站楼1层到达大厅的外面乘坐，运行线路很多，可在机场1层的机场咨询处和机场巴士乘车券售票处询问并购买车票。从仁川机场到首尔市区，高速巴士（每30分钟一班）的车票价格约为1.4万韩元，一般巴士（每25分钟一班）约为1万韩元。6001路到首尔站、南大门、明洞等地，6005路到光化门附近，6011路到景福宫、昌德宫附近，6020路到江南区。

乘出租车

出租车在仁川国际机场1层的4～8号门对面乘坐，有一般出租车、模范出租车、大型出租车和国际出租车等。从仁川国际机场到首尔市中心，需要6万～10万韩元，到达明洞附近大约要6.5万韩元。

★ 从金浦国际机场前往市区

金浦国际机场（Gimpo International Airport）距离首尔市区约 17 千米，现在主要为韩国境内航班的起降，国际线以中国—韩国和日本—韩国为主。机场内有银行、兑换所、吸烟室、小吃店、免税店、药店、便利店、书店等设施。相比较而言，这里比仁川机场的交通更为便捷。

▲金浦国际机场平面示意图

乘地铁

地铁在金浦机场地下地铁站乘坐，乘 5 号线经过 17 站，在第 18 站到达首尔市中心的忠正路站（충정로），乘 9 号线可以到达江南区，票价 1100～1300 韩元。

乘机场大巴

机场大巴在航站楼到达大厅 1 层出口外乘坐。高速巴士（每 15 分钟一班）在 8 号门前的 3、4、5 号站点乘坐，有前往贸易中心（三成洞）、蚕室、明洞等地的线路，票价为 4000～7000 韩元。普通大巴（每 25 分钟一班）与地铁 2、3、4、5 号相连，票价为 1000 韩元。

乘出租车

出租车在国内航站楼 1 层乘坐，有一般出租车、模范出租车、大型出租车和国际出租车等。从金浦国际机场到首尔市中心约 1900 韩元，模范出租车则要在 2 号乘坐点乘坐，费用为 4500 韩元左右。

★ 从济州国际机场前往市区

　　济州国际机场（Jeju International Airport）位于济州市龙潭2洞2002号，是连接中国、日本、东南亚的重要航空枢纽。机场内有银行、小博物馆、吸烟室、韩食店、租借车、擦鞋处、免税店等设施，从济州国际机场乘坐公交车或出租车前往中文观光区或西归浦市区都十分方便。

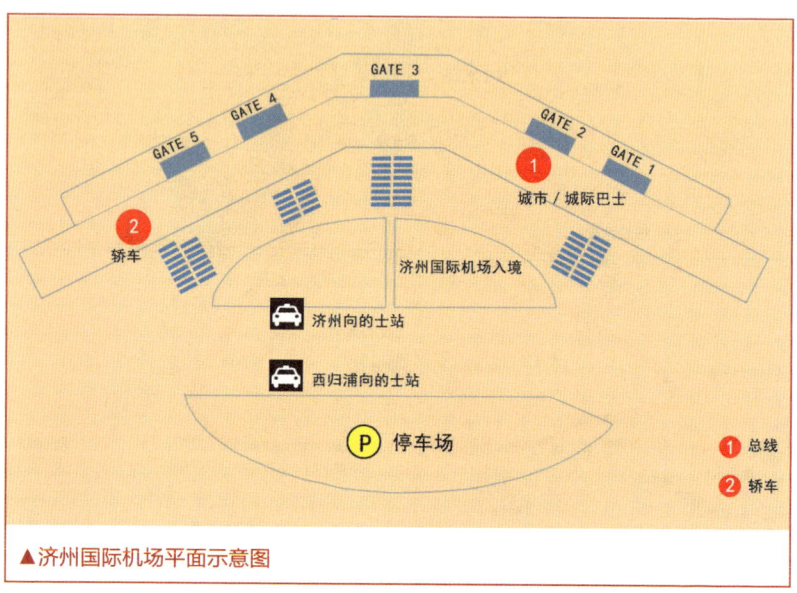

▲济州国际机场平面示意图

乘机场大巴

机场大巴在航站楼外的大巴站点乘坐，有多趟线路，其中以前往西归浦的600路大巴最为著名，路线为：机场—皇冠大酒店—中文观光团地（如美地—哈那宾馆—韩国宾馆—观光公园—西叶斯宾馆—国际会展中心）—世界杯体育场—新庆南宾馆—西归浦港—天国宾馆—西归浦凯乐宾馆。大巴票价为500～800韩元，约25分钟可到。

乘出租车

出租车在机场旅客航站楼前乘坐，有一般出租车、模范出租车、大型出租车和国际出租车等。有长短途乘车点之分，前往北济州郡、南济州郡、中文、西归浦等地应当在长途站台乘车。

 管家提示

仁川国际机场官网：www.airport.kr/chn/
金浦国际机场官网：www.airport.co.kr/gimpochn/index.do
济州国际机场官网：www.airport.co.kr/jejuchn/index.do
釜山（金海）国际机场官网：www.airport.co.kr/gimhaechn/index.do
大邱国际机场官网：www.airport.co.kr/daeguchn/index.do

仁川国际机场官网

金浦国际机场官网

济州国际机场官网

釜山（金海）国际机场官网

大邱国际机场官网

NO.4 从韩国安全离境那些事

过来人经验谈

 重拾旧时光·男·与家人一起的旅行才是真正的旅行

从韩国回来的飞机订的是下午6点的,最后一天的时间基本上全部用来购物了。中午吃完饭就到了机场,在机场换登机牌、取买的东西、办托运、排队退税,一切都弄完了以后,在机场看了一会电视剧,就登机了。早一点到机场,让自己更加从容地办理手续。

 米粒儿·女·90后·旅行狂人

在去机场前,我们还专门到明洞吃了顿韩式拌饭,才依依不舍地坐上地铁前往仁川机场。在SK柜台还了手机,就去办理登机手续,结果工作人员说我们的大旅行箱超重,要让我们加钱,可是如果按照两个人的行李限额,我们的行李根本不超重。好在一番解释之后,并没有收钱。然后就去退税了,拿着退来的税款,又在免税店里买了一堆东西,虽然都是小玩意儿,但作为小礼物,带回国给朋友们,也是很不错的。

★ 办理离境手续

在韩国离境时,最好提前 3 小时到达机场,以便留出足够的时间办理各项手续。如果选择租车自驾出行,在机场还车,需要额外预留出 1 小时的还车时间。在到达机场后应当先归还租借的各类物品,如 Wi-Fi 蛋、手机等;然后前往值机手续柜台,办理登机手续与行李托运;之后经过边防、安全、海关等检查后,就可以前往候机大厅等候登机,这个时候也可以逛一逛免税店。

★ 离境检查

从韩国离境时,如果携带有需要申报的物品,一定要填写申报单,走申报通道。如果只是在海关检查前提出来,可能被征收高额税费,如果不提被查出,后果很严重。海关会抽查非申报通道的游客行李,在被要求开箱检查时要积极配合。

tips

韩国离境时需申报物品

1 高级手表、照相机、稀有金属、宝石、毛皮、A 级高尔夫球杆等。

2 超过 1 万美元或等值韩元的商品。

3 出口申报受理的物品。

4 出境时在免税店购买物品不超过 3000 美元或等值金额,如超过则需要申报海关并缴纳关税。

★ **托运行李**

"托运行李（Checked Baggage）"是指办理登机手续时交给机场人员系上标签，送入飞机行李舱，随机一起运送的行李。"手提行李（Hand Baggage）"是指登机时随身带上飞机的行李。一般情况下，除了钱包、外套和一些小件随身物品外，可以携带一件手提行李。航空公司对手提行李的尺寸也有限制，一般是长、宽、高的总和不能超过115厘米（各航空公司规定略有差异，需要提前了解清楚），保证能放到机舱内的座位下面或行李架里。

管家提示

如果托运的行李中有特别贵重的物品，为保险起见，可以在机场或旅行社再为行李购买一份行李保险。如果有行李丢失了，要立即在机场填写索赔文件。最好写上处理这件事的人的名字，以及能够与他取得联系的地址和电话号码。航空公司会尽力找到行李，然后把它送到表格上所填写的地址。如果在一段时间后还是找不到的话，可以与航空公司协商赔偿事宜。

专题：
在韩国如何乘公共交通工具

★ 在韩国乘地铁

韩国很多城市都有地铁，在首尔、釜山等地，地铁更成了人们出行的主要交通方式。与之有关的各类优惠券和交通卡也很多，可以根据自己的需要选择购买。

首尔交通卡

首尔交通卡（T-Money）是在首尔乘坐地铁和公交车时使用的交通卡，在乘坐公共交通工具时使用该卡，比用现金付费优惠100韩元，换乘时还可以得到优惠。现在首尔的地铁和公交车的

终端识别机已经可以通用，只要在乘车和下车的时候把卡贴近消费终端机收费感应区即可。现在共有普及型 T-Money 卡（购卡价格 1500 韩元）、卡型 Smart T-Money 卡（购卡价格 2500 韩元）、装饰型 Smart T-Money 卡（购卡价格 T 形 7000 韩元 /I 形 5000 韩元）3 种交通卡可以选择。所有种类的 T-Money 卡在购买时，里面储存的金额为零。所以在购买卡的同时，另外要提前充值预存交通费。卡内一次可以充值 1000～90 000 韩元。

首尔游一卡通升级版

首尔游一卡通升级版（City Pass Plus）是在首尔交通卡（T-Money）的功能上增添了旅游观光功能的充值卡。可以在首尔市内的地铁和公交车使

用，在购买乐天世界等景点的门票时能够享受一定的优惠，在加盟的商场和餐厅都能享受折扣。卡片价格为 3000 韩元，其他消费需充值，在首尔的便利店、旅游信息中心、韩国铁路公社等地都能买到。使用方法同首尔交通卡。

外国人专用 M-PASS 卡

M-PASS 卡是专为访韩的外国游客推出的大众化定期交通卡，M-PASS 交通卡使用于地铁 1～9 号线、仁川地铁、机场铁路一般列车（直通列车除外）等首都圈地铁，一天最多可以搭乘 20 次。发行种类有 1 日卡、

M-PASS 卡资讯	
卡种	价格
1 日卡	1 万韩元
2 日卡	1.8 万韩元
3 日卡	2.55 万韩元
5 日卡	4.25 万韩元
7 日卡	5.95 万韩元

2 日卡、3 日卡、5 日卡、7 日卡共 5 种。此外，除了交通卡功能以外，现金充值后的 M-PASS 卡还可以在 T-Money 卡加盟连锁的便利店及出租车内使用。

该卡可在仁川国际机场 1 层 5 号、10 号出口前的 Travel Information Center（首尔市旅游信息咨询中心）内购买。购买时需要另付 5000 韩元（保证金 4500 韩元 + 手续费 500 韩元），且购买 M-PASS 卡时会同时得到 N 首尔塔、贞洞剧场、乐天世界等景区门票 10%～20% 的优惠券。使用后，可在购买处仁川国际机场内 Travel Information Center 退卡，可获得除去手续费 500 韩元以外的 4500 韩元保证金。

韩国乘地铁流程

1 找到地铁站

韩国的地铁站出入口很多，在地面上都有清晰的标识可以识别。很多站名会用中文和英文表示，每站都使用其特有的路线的代表颜色和编号表示。

2 购票 / 充值

乘坐地铁可购买一次性交通卡，购买时需交 500 韩元押金，在还卡时可以拿回 500 韩元押金。或者使用首尔交通卡（T-Money）直接刷卡进站。多数地铁站自动售票机都有中文界面，操作简单。

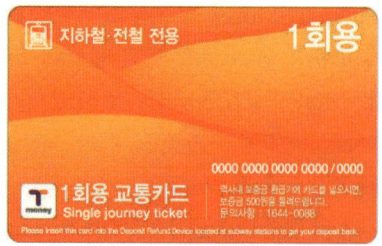

▲一次性交通卡

▲首尔交通卡（T-Money）

3 刷卡进站
在地铁站的机器上刷卡（一次性交通卡与T-Money相同），便可以听见"嘀"的一声，然后就可以顺利通过，进入站台。

4 换乘
在换乘站换乘时有中文广播提示，但需要事先确定换乘车站与换乘路线。在地铁站换乘时，一般不需要再次检票，但9号线梁鹭津站需要出检票口后换乘。

5 出站/退还押金
下车后在检票口刷卡。使用一次性交通卡的乘客将交通卡插入"押金返还机"，则会自动返回500韩元押金，使用T-Money可直接刷卡出站，无须此步骤。

★ 在韩国乘公交车
韩国各城市的公交网络十分方便，乘坐公交车可以在抵达目的地的同时，欣赏到沿途的韩国城市风光，在不堵车的前提下，比乘坐地铁更加有趣。提前了解公交车线路站点分布，能让自己的出行更加方便。

首尔市内公交资讯

类型	简介	号码体系	举例	票价
蓝色（干线）公交	首尔市内远距离运行的公交	3位号码：出发区域+到达区域+编号（0~9）	101 1:起点（道峰、江北、城北、芦原） 0:终点（钟路、中区、龙山） 1:编号	交通卡1050韩元 现金1150韩元
绿色（支线）公交	与干线公交或地铁相连，方便区域内出行的公交	4位号码：出发区域+到达区域+连号（11~99）	1212 1:起点（道峰、江北、城北、芦原） 2:终点（东大门、中浪、城东、广津） 12:编号	交通卡1050韩元 现金1150韩元
红色（广域）公交	连接首尔和首都圈各城市的快速公交	4位号码:9(广域号码)+出发区域+连号（00~99）	9212 9:广域公交 2:京畿道出发区域 12:编号	交通卡1850韩元 现金1950韩元
黄色（循环）公交	满足各种出行需求的公交	2位号码：区域号码+连号（1~9）	41 4:区域类型 1:编号	交通卡850韩元 现金950韩元

首尔公交车编号代码一览

编号	0	1	2	3	4	5	6	7
代表区域	钟路区 中区 龙山区	道峰区 江北区 城北区 芦原区	东大门区 中浪区 城东区 广津区	江东区 松坡区	瑞草区 江南区	铜雀区 冠岳区 衿川区	江西区 杨川区 永登浦区 九老区	恩平区 麻浦区 西大门区

韩国乘公交车流程

1 找到公交车站

一般地铁站的周围都会有公交车站，韩国的公交车站一般都有候车厅，在候车厅有公交车站牌，车站站牌的公交站全部用韩文显示。可向周围乘客询问应当乘坐几路公交车（最好事先将目的地用韩文写下来）。如仍不确定可向司机询问"××가요？/XX 갑니까？（这是去××的车吗？）"。部分车站有电子显示板，可以确认每辆公交车的到达时间。

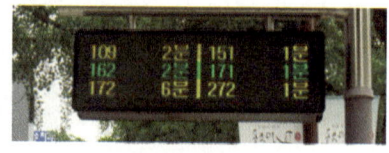

2 购买车票／刷卡

在韩国乘坐公交车可以上车后再买票，或是直接使用T-Money卡刷卡上下车即可。

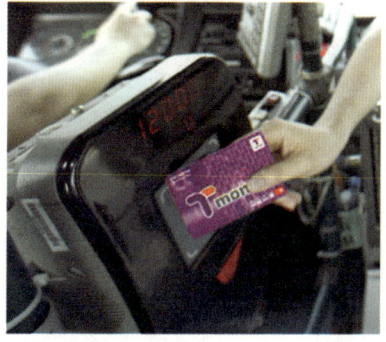

3 换乘

换乘时使用交通卡，则按照综合车费制度（10千米以上每5千米加收100韩元）扣费。使用现金购票换乘时，需要另外购票，无法享受优惠制度。

4 下车按铃

快到站之前，记住要按下车按钮，提示司机停车。报站时会广播两个站名，分别为下一站和下下站。由于广播是用韩文，可以向司机或者周围的乘客确认"×× 다음이에요？（请问下一站是××吗？）"

5 下车

使用T-Money的乘客下车时要记得刷卡，使用现金购票的乘客，下车时不用刷卡。

★ 在韩国乘出租车

在韩国乘坐出租车出行无疑是最为便捷的方式，可以在出租车站台或路边乘坐出租车。也有可以打电话叫车的CALL TAXI，但价格比直接在外面打到的出租车要稍贵。韩国出租车大致上可分为一般出租车与模范／大型出租车两大类，其中一般出租车多出现在市中心以外的地区，价格较模范出租车便宜。

韩国出租车费用表		
类别	一般出租车	模范/大型出租车
起步价	3000韩元/2千米	5000韩元/3千米
起步价以后的路程费用	100韩元/144米	200韩元/164米
起步价以后的时间费用	100韩元/35秒	200韩元/39秒
夜间费用	24:00~4:00增收20%夜间费用	无
市区外追加费用	有	无

韩国乘出租车流程

1 出租车乘车点

一般情况下地铁站和公交车车站的附近都有出租车乘车点,也可以在路边拦到行驶中的出租车。空出租车的前方有"空车(빈차)"的红色字样。如果有"预约(예약)"的字样,则是已经被预约的出租车。

2 选择出租车类型

根据自己的需要和实际情况选择合适的出租车类型,现在韩国还有不少橘黄色的国际出租车运行,这些出租车一般都能够提供多语种的语言服务,方便游客出行。

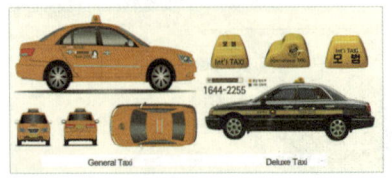

3 上车、告知目的地

韩国出租车上车时,需要从车辆右侧手动开门,左侧车门一般会锁上。上车后告知出租车司机自己要抵达的目的地,比较热门的景点如明洞、景福宫等,大部分司机都能听懂中文发音,但如果需要前往酒店、餐厅等地,最好能将自己想要到达的地址提前用韩文写出来,给司机看一下。

4 付款

付款时根据计价器显示的金额付款即可,如果携带行李较多,出租车司机有给予帮助,可视情况单独给予1000韩元左右的小费,以示感谢。

5 下车索要收据

付款后要记得索要发票,下车时要注意后方是否有摩托车、自行车。

首尔出租车

Part 3
境内预订，看这些就够

NO.1 火车与KTX预订

 过来人经验谈

 重拾旧时光·男·与家人一起的旅行才是真正的旅行

　　韩国的 KTX 高速火车跟国内的高铁差不多，速度很快，不过票价贵点。我们是出发前一天买的车票，因为韩语不是很好，韩国的英文地名发音又比较奇怪，所以我了酒店前台帮忙把目的地的韩文写了出来。买票的时候倒也是很顺利。提前 30 分钟左右就到了火车站，差不多等了 10 多分钟，就看到显示牌上出现了我们的车次，然后就直接上车了，没有人检票，车上的人不是特别多，只是列车环境比国内的高铁要差很多，基本上与国内的普通特快列车差不多的配置。

 米粒儿·女·90后·旅行狂人

　　我们是出发前就在网上预订好了从釜山到首尔的 KTX 车票，到了釜山之后就去了韩国旅游发展局釜山办公室，在那里取了预订好的车票，不过是电子版直接打印的。虽然不是正规的车票，但想到韩国火车没有检票的工作人员，估计也不会有什么问题，就放心大胆地装进包里了。一张车票 3 万多韩元，真心不算便宜，预算有限的朋友可以选择乘坐无穷花和新村号列车，虽然时间长一点，可是确实省钱。

★ 经典火车路线

韩国的国铁(국철),全称为"韩国铁道公社(한국철도공사)",简称 KNR 或 KORAIL(Korean National Railroad)。韩国火车有KTX高速火车、新村号、无穷花号、通勤列车等多种类型,有京釜线、湖南线、庆全线、全罗线等多条线路连接韩国各个主要城市。

名称	简介	票价	线路1	线路2
京釜线	是从首尔(首尔站)至釜山的路线	周一至周四43 200～53 700韩元 周五至周日及公休日46 500～57 700韩元	幸信→首尔→光明→天安牙山→五松→大田→东大邱→密阳→龟浦→釜山	幸信→首尔→光明(永登浦)→天安牙山(水原)→五松→大田→东大邱→新清州→蔚山→釜山
湖南线	是从首尔(龙山站)至光州和木浦的路线	线路1:周一至周四36 900韩元,周五至周日及公休日39 700韩元 线路2:周一至周四41 600韩元,周五至周日及公休日44 700韩元	龙山→光明→天安牙山→西大田→鸡龙→论山→益山→金堤→井邑→长城→光州	龙山→光明→天安牙山→西大田→鸡龙→论山→益山→金堤→井邑→长城→松汀里→罗州→木浦
庆全线	从首尔站出发前往大邱、马山等地的路线	周一至周四48 600韩元 周五至周日及公休日52 300韩元	首尔→光明→天安牙山→五松→大田→金泉→东大邱→密阳→进永→昌原中央→昌原→马山	一
全罗线	连接首尔市(龙山站)、全州和丽水等地,终点站为丽水EXPO	周一至周四42 800韩元 周五至周日及公休日46 000韩元	龙山→光明→天安牙山→西大田→益山→全州→南原→谷城→求礼口→顺天→丽川→丽水EXPO	一

KTX高速火车常见线路资讯(单位:韩元/人)

PART 3 境内预订,看这些就够

★ 省时省钱的优惠通票

在韩国，提前订火车票是可以享受到折扣的，在不同类型火车路线换乘时，还能享受到换乘优惠，除此之外，团体购票也可以享受到 10% 的折扣。在各种优惠活动中，

针对外国人的火车优惠政策最为实惠，其中 Happy Rail Pass 与 KR PASS 使用频率最高。

Happy Rail Pass

持有 Happy Rail Pass 的在韩居住外国人可以不限次数和区间乘坐 KTX 高速火车、新村号、无穷花号、ITX 新村、Nuriro 列车等所有普通列车。地铁及旅游专用列车（ITX- 青春、S-train、O-train、V-train 等）不包含在内。

区分	Happy Rail Pass 的种类和价格（单位：韩元/人）			
	普通票		同行票	学生票
	成人票	儿童票（4～12 岁）	2～5 人	13～25 岁
2 日票	95 700	47 900	86 100	76 600
3 日票	107 800	53 900	97 000	86 300
5 日票	179 900	89 900	161 900	143 900

Happy Rail Pass 使用流程

1 购买交换券

在韩国铁路公社主页上购买交换券（E-ticket），在 Happy Rail Pass 使用前可以取消购买并退款，不收取额外的手续费。

2 兑换 Happy Rail Pass

兑换 Happy Rail Pass 时需要出示本人（预约者）护照和交换券。

兑换站点推荐	
仁川国际机场铁路咨询中心	032-7417788
首尔火车站	02-31492024
釜山火车站	051-4402506

3 选择座位

持有 Happy Rail Pass 的乘客可以免费选择由韩国铁路公社运营的列车的普通座席。选择头等车厢时，可享受五折的优惠价格。

外国人专用火车通行证

外国人专用火车通行证（KR PASS）是韩国对外国游客实行的火车通行证的优惠政策，游客可以通过海外经销处或韩国铁道公社（Korail）的网站订购 KR Pass 交换券，凭借着 KR Pass 通行证，可以在规定的时间内自由搭乘由韩国铁路公社营运的包括 KTX 高速火车、新村号、无穷花号、ITX-新村号、Nuriro、ITX-青春号，但不包括地铁及旅游专用列车。

KR PASS 的类型和价格（单位：韩元/人）

区分	普通票		同行票	学生票
	成人票	儿童票（4~12岁）	2~5人	13~25岁
1 日票	66 900	33 500	60 300	53 600
3 日票	93 100	46 500	83 700	74 500
5 日票	139 700	69 900	125 700	111 800
7 日票	168 400	84 200	151 600	134 700
10 日票	194 400	97 100	174 900	155 500

KR PASS 使用流程

1 购买交换券
在韩国铁路公社主页上购买交换券（E-Ticket），需要使用信用卡结算。购买时虽显示结算信息，但在入境并取到车票前不会扣款。

2 兑换 KR PASS
兑换 KR PASS 时，需要同时出示本人（预约者）护照、交换券和购买交换券时使用的信用卡。

3 获得座席
持有 KR Pass 的乘客可以免费选择列车的普通座席，选择特等车厢时，享受 50% 的价格优惠。

兑换地点推荐

仁川国际机场铁路咨询中心	032-7417788
首尔火车站	02-3921324
釜山火车站	051-4402516
龙山火车站	02-37805408
东大邱火车站	053-9402227
清州火车站	054-7434114

★ 图解 KTX 高速火车预订流程

KTX 高速火车是韩国火车中的高铁路线,最高时速达到 300 千米/小时,被称作"韩国的新干线"。KTX 高速火车有首尔至釜山的京釜线(全程 2 小时 18 分钟)、首尔龙山至光州(全程 3 小时)以及首尔龙山至木浦的湖南线(全程 3 小时 20 分钟)等线路。

KTX 高速火车预订及乘车流程

1 预订车票

可提前 60 天在韩国各火车站购买 KTX 高速火车车票,也可通过铁路公社官网、旅行社和大型的邮局购买车票。

2 现场购买

在韩国大型的火车站有专门供游客购买车票的窗口,这些窗口能提供中文服务,购票十分方便。可提前将自己想要购买的车票信息(目的地、时间、车次)用韩文写在纸上,可节省购票时间。

3 核对信息

韩国火车票与中国火车票类似,都会标明出发到达的时间、地点、车厢号以及座位号等信息。付款后,要确认一下购买火车票的目的地和时间是否正确。

① 火车票
② 2010 年 11 月 1 日(出发日期)
③ 出发时间 15:45 出发地:釜山
④ KTX 146 号(首尔方向)
⑤ 9 号车厢(普通座位)
⑥ 13A 座位(顺时针)
⑦ 到达时间 18:03 目的地:首尔
⑧ 票价 51 800 韩元

4 前往车站

如果在首尔站、釜山站等大型火车站乘车,一定要提前抵达火车站，由于站台众多且没有检票口，需要花费一定的时间找到自己的乘车站台。

5 站台候车

在相应站台等待自己所要乘坐的列车到来，韩国KTX高速火车停车时间很短，在列车到达之后一定要抓紧时间上车，以免错过自己的列车。

6 寻找座位

在上车后，按照自己车票上所标示的座位号，寻找座位并入座。

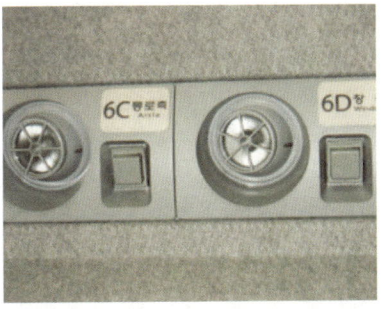

7 车内设施

KTX高速火车内均有无线网络信号覆盖，使用起来十分方便。韩国的文化习惯是不允许在KTX高速火车内打电话的，所以上车前应当将手机调为静音或振动模式，如果有紧急事情需要接打电话，要起身前往车厢连接处接打电话。另外，在KTX高速火车上吸烟是绝对不允许的事情，否则可能触发烟雾报警系统，造成严重后果。

管家提示

1 普通票指的是限于成年人和儿童购买的单人车票，4～12岁的儿童购票时优惠50%，4岁以下的儿童免费搭乘。

2 同行票需要有包括本人在内的2～5名同行游客购买。

3 学生票限于13～25岁，并持有国际学生证（ISEC）的游客购买。

4 在韩国国内是无法购买KR Pass与Happy Rail Pass的，如果需要，请提前购买。

5 购票和查询列车信息可前往韩国铁路公社官网 info.korail.com。

NO.2 巴士预订

过来人经验谈

 匆匆年少·女·来去总是太匆匆

从首尔到釜山乘坐长途巴士要4.5小时，比火车略微慢点，不过票价便宜很多。一般高速巴士价格单程约19 900韩元，优等高速巴士（座位较宽敞）单程价格约29 500韩元，深夜优等高速巴士（可以睡觉的夜车）单程价格约32 500韩元。如果时间多，但想要更省钱，乘坐长途巴士非常合算。

我们坐的是早上6点多的车，乘首尔地铁3号线或者7号线都能到高速汽车客运站，客运站与地铁的地下通道相连。坐7号线比较难找，所以最好先绕到3号线出口比较方便。到得有点早，等了半个多小时才坐上车，30多个座位的车，加上司机只有9个人。车内很干净也很安静，偶尔有人接电话，也都是嘴巴贴着手机，声音很小。一路上大巴开得很快，到了釜山，刚好是吃午饭的时间，我们换了公交车就直奔札嘎其市场了。

 回首月落处·女·从历史深处观景

从济州岛的山君不离正门出来过马路，右侧就是巴士站，乘车在桥来十字路口站下车，在十字路口向右步行100米左右，就能到达济州长途巴士站，这里有开往西归浦市的长途巴士。到了西归浦市巴士客运站后，换乘公交车就能到达中文旅游区，在公交车站点附近还有旅游信息中心，可以免费领取旅游资料和咨询旅游相关信息。

★ 畅行韩国的巴士线路

在韩国城际之间来往乘坐长途巴士十分方便，无论城市大小，均设有很多线路。韩国的长途巴士主要分为高速巴士与市外巴士两种。大部分巴士客运站地处城市中心地区，周围住宿和餐饮设施齐全。

高速巴士在行进的途中几乎不会停车或经过城市内部，按其座椅的宽敞舒适度分为一般巴士和优等巴士两种，票价有所不同。市外巴士除了会在休息所停留外，还分为一般型和直达型两种，其座位没有价格区分，但在夜间运行的深夜巴士的车费会有所增加。

韩国巴士官网：www.exterminal.co.kr

★ 观光旅游巴士

在韩国旅行的时候，乘坐观光旅游巴士也是不错的选择，虽然观光旅游巴士的票价比一般公交车要贵一些，但观光旅游巴士能够在短时间内欣赏到各大著名景点。只需购买一张车票便可一天之内多次在各景点下车，游览结束后，乘坐旅游观光巴士返回即可，十分方便。首尔的城市观光巴士包括游览首尔市区热门景点的市区路线（市中心·古宫路线、全景路线、夜间路线）、参观首尔主要传统市场的传统文化路线及循环行驶于首尔江南区各大旅游景点的江南城市观光路线。

首尔观光旅游巴士资讯（单位：韩元/人）

名称		出发地	运行时间	发车间隔	价格 成人	价格 高中生以下	购票地点
传统文化路线		东大门设计广场前	4～9月 9:30～18:30 10月至次年3月 9:30～17:10	约35分钟	15 000	10 000	东大门设计广场（DDP）前、光化门世宗文化会馆前等各沿线站点售票处
市区路线	市中心·古宫路线	光化门东和免税店前（DONGWHA）	9:00～21:00（末班车19:00从光化门出发）	约30分钟	12 000	10 000	光化门Koreana酒店旁售票处
市区路线	全景路线	光化门东和免税店前（DONGWHA）	9:00～17:00	1小时	15 000	10 000	
市区路线	夜间路线（单层巴士）	5号线光化门站6号出口	9:00～20:00	每日一班	6000	4000	
市区路线	夜间路线（双层巴士）	5号线光化门站6号出口	9:00～19:30	每日一班	12 000	7000	
江南城市观光路线		江南旅游信息中心（狎鸥亭站5号出口100米国民银行前）	10:00～20:00	约1小时	单日 12 000	13～18岁10 000，48个月至12岁6000	江南旅游信息中心或各上车点
江南城市观光路线		江南旅游信息中心（狎鸥亭站5号出口100米国民银行前）	10:00～20:00	约1小时	两日 18 000 韩元	13～18岁15 000韩元 48个月至12岁10 000	江南旅游信息中心或各上车点

tips

旅游巴士乘坐与购票须知

1 市区路线巴士有空位时可直接于车内导游处购票。

2 传统文化路线可在各车站直接使用现金、信用卡购票。

3 市区路线巴士只可在光化门售票处使用信用卡购票。

4 20人以上团体乘坐江南城市观光路线时可享八折优惠。

5 购票和查询列车信息可前往各旅游巴士的官方网站：

传统文化路线官网 www.seoultrolley.co.kr

市区路线官网 www.seoulcitybus.com

江南城市观光路线官网 www.gangnamtour.go.kr

★ 图解巴士预订流程

乘坐韩国长途巴士可以提前订购车票，也可以在乘车时现场购票。由于韩国长途巴士网络目前没有统一系统，网上订购手续比较复杂，直接到巴士客运站购买车票会比较方便。在售票处买票时，将要前往的目的地、乘车时间、乘车人数提供给售票员就可以了。在买完票后，可以顺便看一眼自己将要乘坐的巴士在几号乘车口等车，真正乘车的时候就不必再次寻找了。

巴士预订与乘车流程

1 找到客运站

韩国各大城市几乎都有长途巴士客运站，很多城市有不止一个客运站，可根据自己的需要找到相对应的车站。需要注意的是，在韩国有不少客运站的出入口直接与地铁站出口相连接，只需要按照指示牌走，就可以很快速地到达客运站。

2 选择车次

在汽车客运站有车费表，可以在表上看到自己想要前往的目的地以及车票信息。

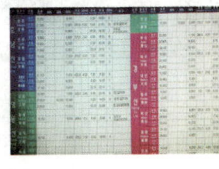

3 买票

在韩国乘坐长途巴士时，前往汽车站购票是最为方便的购票方式，在汽车站也

可以提前购买长途巴士的车票。在拿到车票后要核对一下上面的信息，以免出现错误，另外各乘车点是标注在车票上的。

4 找到乘车口

在车票标注的开车时间前，前往乘车口乘车。在汽车客运站有很清楚的乘车口标识，跟着标识走就能找到自己需要乘坐的长途巴士，在检票口的指示牌上会写有自己将要到达的目的地的信息。

5 乘车

如果怕上错车，可以向司机询问，或核对一下长途巴士前挡风玻璃处的路线信息。

管家提示

巴士乘车站点

高速巴士站点与市外巴士的乘车站点有时不在同一地点,因此有必要在出发和到达时进行确认。巴士客运站通常是以"地域的名称 + 高速 / 市外"进行标示的,而综合巴士客运站则是既可以乘坐高速巴士,又可以乘坐市外巴士的地方。

韩国长途巴士客运站推荐				
城市	中文名称	韩文名称	地址	性质
首尔	首尔西部市外巴士客运站	서울서부시외버스터미널	首尔恩平区大枣洞2-9号	高速
	首尔(南部)综合巴士客运站	서울(남부)종합터미널	首尔瑞草区瑞草洞孝宁路292号	综合
	上凤巴士客运站	상봉터미널	首尔中浪区上凤洞83-1号	综合
	东首尔综合客运站	동서울종합터미널	首尔广津区江边站路50号(九宜洞)	综合
釜山	釜山西部市外巴士客运站	부산서부시외버스터미널	釜山市沙上区挂法洞533号	市外
	釜山综合巴士客运站	부산종합버스터미널	釜山市金井区中央大路2238号	高速
济州岛	济州市外巴士客运站	제주시외버스터미널	济州道济州市西光路154号	高速
大邱	大邱北部巴士客运站	대구북부정류장	大邱西区飞山7洞1856-3号	市外
	大邱西部巴士客运站	대구서부정류장	大邱南区大明11洞1135号	高速
	东大邱高速巴士客运站	동대구고속버스터미널	大邱东区新川4洞329-3号	综合

PART 3

境内预订,看这些就够

NO.3 机票预订

 过来人经验谈

 重拾旧时光·男·与家人一起的旅行才是真正的旅行

从首尔乘飞机到釜山，要先从首尔市区乘坐地铁到金浦机场，再搭韩国国内航线飞机，航程约1小时可到釜山的金海机场，从金海机场到釜山市中心坐车也需要很长时间，总体算起来，没有比坐火车节省多少时间，并且乘坐飞机时还可能因受天气影响产生延误等情况。

从釜山、首尔进出济州岛乘坐飞机十分方便，并且韩国国内的韩星、真航这些公司都会推出很多特价机票，价格很便宜。

★ 常见的韩国廉价航空公司

韩国的大型航空公司有大韩航空公司与韩亚航空公司，除此之外，还有真航（JinAir）空、济州航空、釜山航空、韩星（EAStar）航空、T'way航空等多个航空公司提供韩国国内与国际航班。这些航空公司的机票价格一般比较便宜。

常见的韩国廉价航空公司		
名称	主要航线（韩国国内线）	官网
真航空	首尔—济州	www.jinair.com/Language/CHN/
济州航空	金浦—济州 釜山—济州 清州—济州	www.jejuair.net/jejuair/main.jsp
釜山航空	金浦—济州、釜山 釜山—金浦	tw.airbusan.com/AB/airbusan/CN/main.jsp
韩星航空	金浦—群山、清州、济州	www.eastarjet.com/book/index.htm?lang=ko
T'way航空	金浦—济州	www.twayair.com

★ 提供韩国国内航班的热门机场

韩国境内有十几个机场供国际与韩国国内航班起降使用，部分城市不止一个机场，在购买机票的时候需要格外注意。

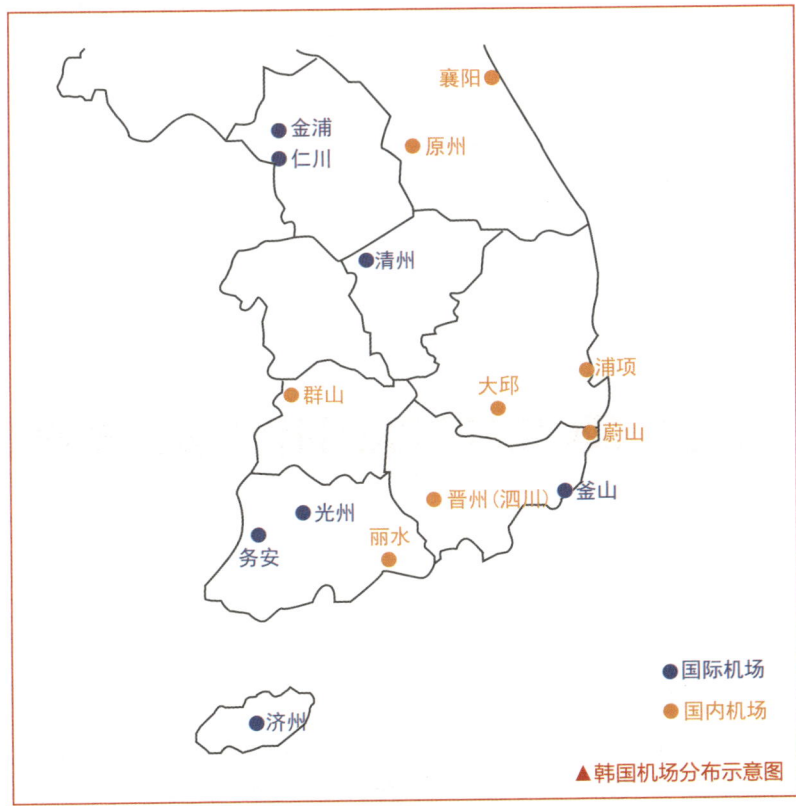

▲韩国机场分布示意图

韩国热门机场资讯					
城市	中文名称	韩文名称	地址	电话	网址
首尔	仁川国际机场	인천국제공항	仁川中区机场路271号	02-15772600	www.airport.kr
	金浦国际机场	김포공항	首尔江西区空港洞150号	02-26604461	www.airport.co.kr/gimpochn/index.do
釜山	金海国际机场	김해국제공항	釜山市江西区机场进入路108号（大渚2洞）	051-9743702	www.airport.co.kr/gimhaechn/index.do
济州岛	济州机场	제주공항	济州道济州市机场路2号（龙潭2洞）	064-7972525	www.airport.co.kr/jejuchn/index.do
光州	光州机场	광주공항	光州市光山区尚武台路420-25号（新村洞）	062-9400214	www.airport.co.kr/gwangju/index.do
清州	清州机场	청주공항	忠清北道清原郡内秀邑梧仓大路980号（内秀邑）	043-2106114	www.airport.co.kr/cheongjuchn/index.do
大邱	大邱机场	대구공항	大邱市东区机场路221号（枝底洞）	053-9805290	www.airport.co.kr/daeguchn/index.do

★ 图解韩国境内机票预订流程

韩国大部分航空公司都有中文界面，只需要登录官网正确选择语言即可。其余的机票预订流程与国内航空公司没有太大差别，只是部分航空公司会要求使用信用卡结账。下面以韩国济州航空公司官网为例，详细介绍韩国航空公司机票预订流程。

韩国济州航空公司机票预订流程

① 登录网站，选择语言

登录韩国济州航空公司官网 www.jejuair.net/jejuair/main.jsp，点击右上角"中国（简体中文）"，即可进入中文简体语言界面。

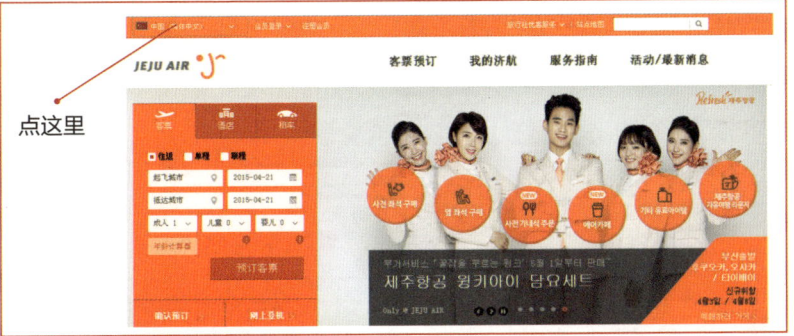

点这里

② 搜索航班信息

在航班信息搜索框内填写自己想要查询的航班信息，如往返时间、乘坐人数等，然后点击"预订客票"。

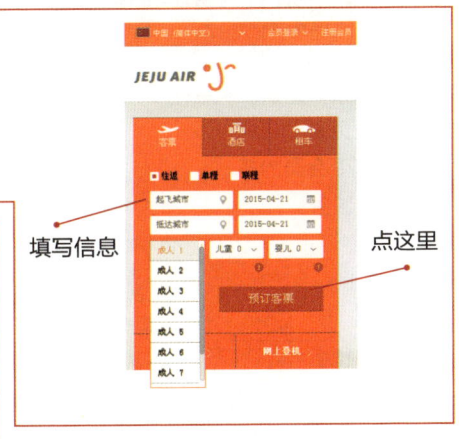

填写信息　　点这里

③ 选择航班

根据自己的出行需求以及航班的票价选择适合自己的航班，在点击航班后，会在右侧的航程及票价中显示增加税费后的总价格。

备选日期

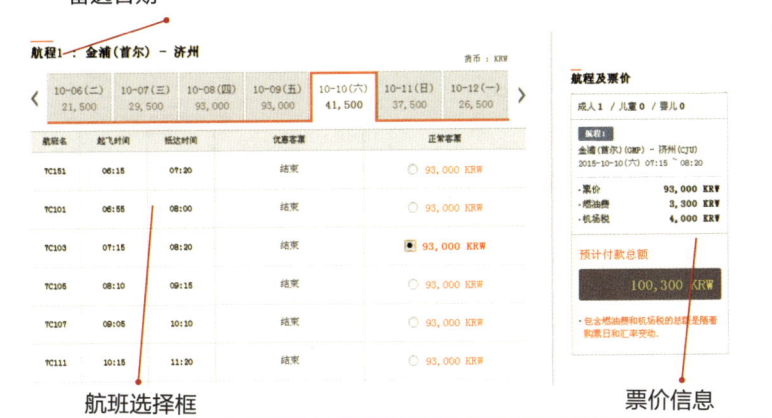

航班选择框　　　　　　　　　　票价信息

④ 阅读客票规定

选择好航班后，阅读客票规定，了解该公司对于航班及乘客的各项要求，确认无误后点击"确认"，然后点击"选择完毕"，进行下一步。

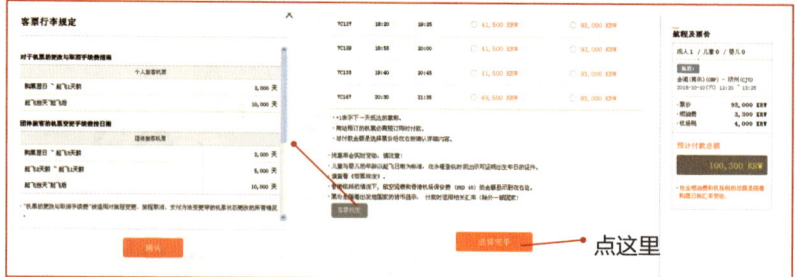

❺ 注册 / 登录账号

　　无论是否是该公司会员都可以在网站上订购机票,建议注册会员(免费),这样可以享受会员的多种优惠及服务。

❻ 填写乘客信息

　　填写乘客信息,邮箱地址用来接收订单信息,姓名要与护照一致。信息核对无误后点击"乘客信息输入完毕",进入下一步。

❼ 选择座位

　　根据自己的需要选择座位,然后点击"选择完毕",点击"下一个",进入下一步。

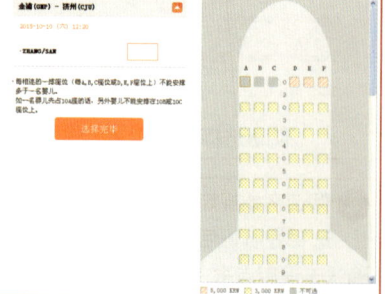

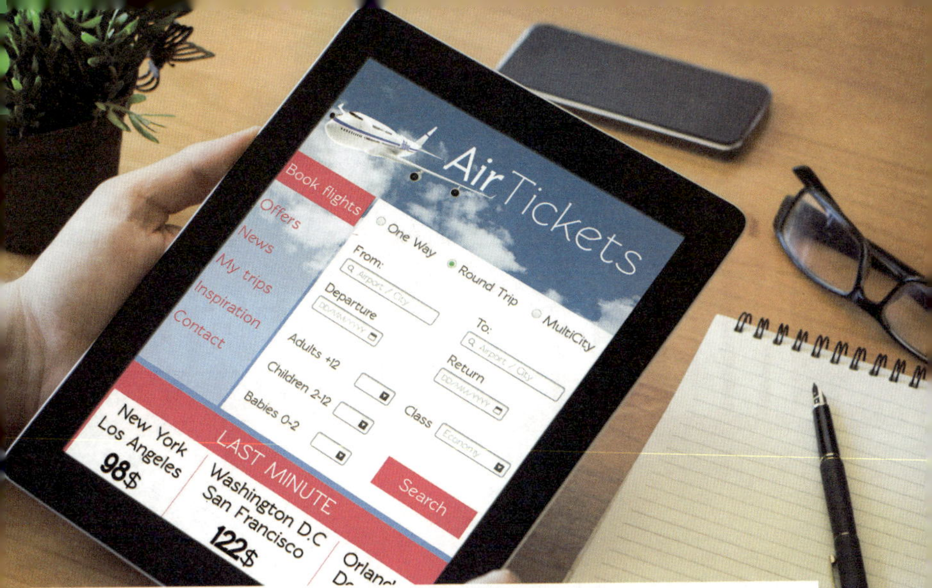

❽ 完成支付

核对信息后,填写信用卡信息,完成支付。

境内预订,看这些就够

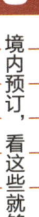

管家提示

韩国热门城市交通资讯	
路线	资讯
首尔—釜山	飞机 1 小时 巴士约 4.5 小时 KTX 约 2.5 小时
釜山—济州	飞机约 40 分钟 乘船约 11 小时
济州—首尔	飞机约 2 小时 乘船约 13 小时

NO.4 旅行团预订

 过来人经验谈

 回首月落处·女·从历史深处观景

到韩国旅游,参观景福宫、青瓦台这些景点,还是报团比较好,能够听到较为详细的介绍。我们是出发前在韩游网上报的团,首尔1日游行程,200元人民币,到了首尔以后打电话给当地负责接待的导游,对方说的是中文,不太标准但还是能听得懂。第二天参观了景福宫和青瓦台,景福宫带队讲解的导游很认真,能看出来他对韩国十分热爱。看网上说参观青瓦台要提前很久预约,我们只是报团,在参观完景福宫之后,由导游带我们到了青瓦台门口,和其他参观人员集合后,就由青瓦台的讲解员带领参观了。一天的行程还算是很愉快,了解到不少韩国的历史知识,很有收获。

 米粒儿·女·90后·旅行狂人

跟着旅行团游韩国,随身带一个胸包就可以了,其他行李可以装在行李箱内放在酒店就行了。前往其他城市的时候,可以把行李箱放到车里,十分方便。

 陌路·女·即便要老去,但记忆仍在

在济州岛游玩,很多人都会通过旅行社包车游览。在济州岛包车,车型相同的情况下,会中文的韩国司机和华人司机的费用差不多,4座车一天的费用是15万韩元左右,8小时工作制,超时每小时收费2万~3万韩元。

★ 在韩国怎样报团

在韩国中文旅行社很多,特别是在首尔、济州岛等中国人喜爱的热门旅游目的地,更是有数十家提供中文服务的旅行社可以选择。在韩国报团,先在旅行社官网查询相关路线及价格,可以在网上报名或是到旅行社门市报名交费。也可以尝试给旅行社打电话询问,部分旅行社提供中文咨询服务。

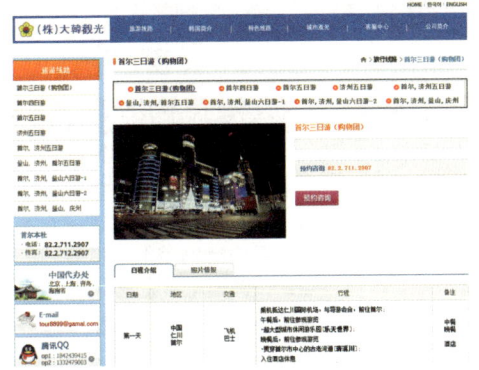

★ 韩国知名地接社

韩国有不少大型旅行社都提供中文导游服务,更有几个旅行社主要以接待中国游客为主。如果只是需要中文导游,可以与旅行社协商,或是在韩国旅游发展局官网上预约中文导游。

韩国知名地接社推荐			
名称	特色	电话	网址
大韩观光	主要从事中国公民入境韩国的观光、考察等服务	02-7112907	www.laikorea.com/index.html
五美旅游	除普通旅游路线外,还提供老年游、跆拳道交流、医疗观光等服务	02-7725454	www.omitravel.kr
国际文化服务俱乐部	提供板门店观光服务	02-7550073	www.tourdmz.com/main.php
Tony Tour	提供韩式料理、景点门票代购等特色服务	070-82249977	www.tonytourguide.com
韩国友利国际旅行社	主要提供医疗观光服务	02-3337388	www.koreayouli.com
韩途网	韩国当地旅行社网站,提供行程安排、酒店预订以及景点门票代购等服务	400-0735858	www.hantuwang.com/

★ 跟团游经典线路

在韩国报团旅游，除了常规的旅游观光路线外，还有参加滑雪、赏花、购物等特色活动的路线，以及前往春川等地区的特色旅游线路。

韩国跟团游经典路线		
名称	主要行程	参考价格
韩国饮食文化体验1日游	三清阁（试穿韩服＋茶道体验＋韩国宫廷料理）→游览景福宫（国立古宫博物馆＋国立民俗博物馆）→仁寺洞（传统茶与糕点）→钟路（路边摊小吃）	约17万韩元
济州大巴2日游	济州机场→小人国主题乐园→柱状节理→西归浦游船→天帝渊瀑布→龙头岩→骑马→城邑民俗村→日出公园→东凤里海女村→济州农水产购物中心（渔父人）→济州机场	约35万韩元
寻觅冬季恋歌3天2夜路线	首尔→南怡岛→春川→湫岩海水浴场→横溪邮局→龙平度假村→首尔	约51万韩元
釜山、巨济岛、外岛3日游	釜山站→市立美术馆→海云台冬柏岛→长承浦→外岛/海金刚→巨济岛俘虏收容所遗址公园→巨济市内→龙头山公园夜景→UN纪念公园→釜山站	约61万韩元
釜山、济州、首尔五日游	首尔→济州岛→釜山→首尔	约110万韩元

管家提示

韩国旅行社所列出的1日行程或是2日行程，一般每天的游览时间都在8小时以内，如果看到行程明显超出8小时，就一定要询问，超出部分的费用是否需要另外支付。参加旅行团前，把价格中包含和不包含的项目问清楚，还要了解一下导游和司机的小费问题。有些旅行社提供的旅游线路价格很低，一般都会附加很多必须消费和选择消费，需特别注意，建议不选择此种线路。签协议时，看清条款，有要求和问题时必须写清楚，可作为事后证据，很多口头承诺都没有约束力。

爱宝乐园度假村郁金香节

Part 4
吃货教你吃韩国料理

NO.1 韩国有什么好吃的

过来人经验谈

小黄人·男·父亲的肩膀是最美的翅膀

初到韩国,就先我了餐馆品尝传说中的韩定食,其实韩定食也叫韩国式客饭、韩式套餐,"定食"即全席,以君王食用的膳食宫廷料理为主,士大夫根据各地特有的民间饮食做出调整,而最终形成的班家料理。韩定食沿袭了朝鲜时代宫廷菜的传统风味,各式小菜摆满桌面(话说这么多碗和盘子,洗碗的人真是悲剧了)。配色花样繁多,光是看着就已经很壮观了。

米粒儿·女·90后·旅行狂人

到了釜山的酒店办完入住手续后,到街上找吃的,随便选了一家不认识名字的烤肉店,点了一份烤肉拼盘和一份炒饭,总体味道比国内的清淡一些,不过还算好吃。结账的时候将近4万韩元,折合人民币要200多元呢,在武汉我能吃一个月的热干面了,当时真的很心痛,不过后来发现,在韩国除了街头的小吃和快餐外,吃一顿饭基本上都要花这么多钱,慢慢地也就习惯了。

陌路·女·即便要老去,但记忆仍在

除了传统的韩国小吃,韩国现在有很多西式的糕点店和咖啡馆都有超级棒的甜品,首尔随处可见的 Beans Bins 连锁店里的华夫饼,就是其中之一。烤得十分酥脆的华夫饼,加上菠萝、蓝莓、草莓等水果,也可以加奶油、冰激凌等,组合多变,并且每种都超好吃,到首尔一定要吃华夫饼。

★ 平常都爱吃这些

韩式烤肉

到了韩国,一顿正宗的韩式烤肉是必须要品尝的佳肴,在韩国吃烤肉一定要吃正宗的韩牛,配以正宗的韩式蘸料,才算是真正地体验了一次韩国烤肉文化。

韩定食

韩定食是沿袭了朝鲜时代宫廷料理的传统风味,也被称为宫廷料理。韩定食的种类较多,花样丰富。所含菜式的烹饪方法有蒸、烤、烫、拌等多种。除了泡菜以外,一般都不加辣椒粉。

石锅拌饭

石锅拌饭是将黄豆芽、肉、鸡蛋等佐料盖在白米饭上,盛在滚烫的石碗内,再加上适量的辣椒酱,搅拌之后食用。辣椒酱作为其主要的调味品,是拌饭水平高低的重要表现。

冷面

冷面是韩国将水果作为调味品烹饪方法最具有代表性的美食之一,有爽口的"水冷面"和以辣椒酱作佐料的"拌冷面"两种,价格实惠,在烤肉店或是其他韩国餐厅均可吃到。

煎饼

煎饼又称"韩式比萨"或"韩式热香饼",在绿豆面糊中加入猪肉和泡菜煎成的厚厚酥酥的绿豆煎饼本来是韩国黄海道和平安道一带的风味小吃,现在则普及到了韩国各地。蘸上点酱油或是用酱油、白醋和辣椒粉调成的调味汁,可以为煎饼提味,吃起来更加鲜香可口。

人参鸡汤

人参鸡汤是以童子鸡为原料,配以糯米、大枣、大蒜以及著名的高丽人参等多种佐料,长时间炖煮而成的美味滋补佳品。

韩式铁板烧

韩式铁板烧是韩国街头巷尾随处可见的小吃之一,铁板烧不仅能制作种类众多的蔬菜、菌类,还能制作风味独特的炒面、煎蛋等食物,十分美味,值得一试。

紫菜包饭

紫菜包饭是韩剧中出镜率最高的韩式美食之一,不同食材做出的紫菜包饭口味不一。可以直接用手抓着吃的特点,也使其成了在逛街时补充能量的首选食物。

韩式烤肉

韩式烤肉分为一般烤肉、烤排骨、烤五花肉等多种，咸甜口味的炭烤牛肉和排骨是最经典的吃法。把厚厚的五花肉放在炭火上烤至金黄，再配上调味酱和大蒜，用生菜或紫苏叶包起来吃，也是十分流行的吃法。

★ 地方特色有点辣

韩国泡菜

韩国泡菜是韩国著名的传统美食，泡菜在腌制过程中会加入水果以及大量辣椒粉作为调料，所以，韩国泡菜除了酸爽的口感外，还特别辣，建议不能吃辣的朋友要谨慎尝试。另外，韩国在泡菜基础上还衍生出了泡菜汤、泡菜饼、泡菜炒饭、泡菜比萨饼以及泡菜汉堡包等多种料理。

辣炒年糕

辣炒年糕是在韩国随处可见的民间小吃，现在已经有很多专门经营各式辣炒年糕的专门店面，在这些炒年糕店里，除了有传统的长条形状炒年糕外，还有其他形状的年糕、各式蔬菜以及煎蛋、炒面等多种美食可以选择。

管家提示

常见美食中韩文对照							
中文	韩语	中文	韩语	中文	韩语	中文	韩语
紫菜包饭	김밥	炒饭	볶음밥	蔬菜拌饭	야채비빔밥	排骨汤	갈비탕
金枪鱼紫菜包饭	참치김밥	泡菜炒饭	김치볶음밥	牛肉咖喱盖饭	쇠고기카레덮밥	大酱汤	된장찌개
泡菜紫菜包饭	김치김밥	金枪鱼炒饭	참치볶음밥	牛肉炸酱盖饭	쇠고기짜장덮밥	牛肉汤	육개장
奶酪紫菜包饭	치즈김밥	蔬菜炒饭	야채볶음밥	什锦菜盖饭	두루치기백반	土豆汤	감자찌개

NO.2 找餐馆有技巧

🗨 过来人经验谈

 重拾旧时光·男·与家人一起的旅行才是真正的旅行

在釜山的札嘎其市场挑来选去,要了一只新鲜生猛的釜山帝王蟹,店家小哥很热情,笑起来特别阳光,一会就把螃蟹做好了。刺身、清蒸和汤,还送了好多韩国特色小吃和生鱼片、生蚝等小海鲜,摆了满满一桌子。一只帝王蟹、一瓶酒、两份饭,两个人一共花了不到12万韩元,比起味道来,这价钱不算很贵。

 心野路子宽·男·去看看前面我不了解的那个世界

在首尔特意去明洞品尝了凤雏酱鸡,味道还不错,不过没有太让人惊艳的感觉。对于大部分中国北方的游客来说,这就是在大盘鸡里加上了粉条而已。酱鸡的分量很大,价格也很便宜,更何况在网上人气那么高,不来尝尝确实觉得遗憾。

 匆匆年少·女·来去总是太匆匆

街边的土豆起司,各种韩国式的香肠、鸡排。姜虎东烤肉明洞店、部队锅、春川炒鸡排、韩国大盘鸡(在韩国鸡肉是最便宜的),等等。最好去街边比较大的店铺吃饭,因为明洞外国游客较多,巷子里面一些吃海鲜等韩食的餐馆,价格不等,普遍不划算。

PART 4 吃货教你吃韩国料理

★ 常见的韩国餐馆类型

正式餐厅

韩国的正式餐厅除了具有韩国特色的韩国本土餐厅外,还有西餐厅、中式餐厅、日式餐厅等多种风格。在首尔、釜山等地正式餐厅比较常见。

快餐厅

韩国的快餐厅随处可见,除了常见的肯德基、麦当劳、赛百味、必胜客国际连锁品牌外,还有如乐天利之类的韩国本土快餐品牌。

自助餐厅

在语言不通的韩国,吃自助餐无疑为自己省去了点菜的麻烦,看到什么感兴趣的就拿一些尝尝,觉得好吃就多吃一些。不仅能无忧无虑地吃到正宗的韩国美食,还有很多特色小吃也会在自助餐厅出现。

小吃店

在韩国的商业街区,有很多小吃店也是解决就餐问题的好去处。如果不知道哪家小吃店比较好,就选择人气最旺的那一家吧,一定差不了。在小吃店内可以吃到韩国地道的煎饼、铁板烧、辣炒年糕等美食。

熟食店

韩国有很多熟食店,主要售卖当地的特色食品,如果行程比较紧张,不妨在熟食店里买上一些食物,在赶路的过程中果腹吧。

★ 各大城市的中餐馆资讯

韩国的各大城市有不少中餐馆,在中餐馆可以吃到口味正宗的中餐。如果吃不惯很辣的韩餐,不妨找一家中餐馆好好地享受一顿大餐吧。

首尔

首尔中餐馆资讯			
名称	简介	地址	电话
一品香(Ilpumhyang)	有干烹鸡、糖醋肉等招牌美食,香味四溢的五香猪蹄是最受欢迎的	中区明洞2街26号	02-7536928
安东庄(Andongjang)	招牌美食为牡蛎辣汤面,分为辣和不辣,可根据自己的喜好选择不同口味	中区乙支路124号	02-22663814
红宝阁(Hongbogak)	该店主要提供广式和四川料理	中区东湖路287号	02-22703141

续表

名称	简介	地址	电话
乡味（Hyangmi）	这里的鲅鱼饺子、牛肉汤面、五香酱肉非常美味	麻浦区东桥路260号	02-3332943
四川省（Sichuan House）	有红焖伞丸子、油淋鸡、麻辣鱼汤和担担面等川味美食	江南区德黑兰路87街29号	02-5081320
鼎泰丰（Din Tai Fung）	鼎泰丰分店，招牌料理有小笼包和各式台湾菜系	中区南大门路56号	02-7712778
中国（China）	店面不大，但辣汤面、炸酱面、糖醋肉味道很好	钟路区紫霞门路33街2号	02-7378055
大董（Dea-dong）	大董烤鸭首尔分店，除了北京烤鸭以外，还提供多种北京式的中国料理	瑞草区江南大路107街6号	02-67101888
黄金鱼（Gold fish）	港式茶餐厅，在这里可以品尝到各式点心、炒饭及汤面	江南区岛山大路11街44号	02-5115266
新门阁（Sinmungak）	老字号中式饭馆，有炸酱面、糖醋肉等带有韩国口味的中餐	钟路区新门内路77号	02-7363289
沈阳（Simnyagn）	有着东北特色的烤串店，是夏季吃烤串、喝啤酒的好去处	江南区岛山大路408号	02-5459211
发财饭店（Baljaebanjeom）	提供各类中餐，其锅贴带有冰花，深受食客们喜爱	江南区彦州路823号	02-5440872
忠记面家（Cheongki myeonga）	港式面店，云吞面、馄饨及鸡蛋面都值得一试	龙山区普光路127号	02-3223913
炒马（Choma）	主营炒面、辣汤面、糖醋肉等经过改良的中餐	麻浦区卧牛山路17街24号	070-76618963
海底捞（HaiDiLao Hot Pot）	供应中国风味的火锅，并有西瓜、荔枝等水果供应	中区明洞1街59-5,SK明洞大厦2层	02-63618260

PART 4

吃货教你吃韩国料理

147

仁川

仁川中餐馆资讯

中文名称	韩文名称	特色	地址	电话
清馆	청관	四川海鲜料理	中区北城洞3-5-5号	032-7725118
泰临凤	태림봉	海参、炸酱面	中区善林洞6号	032-7631688
本土	본토	海鲜锅巴汤	中区善林洞5号	032-7776888
丰美	풍미	炸酱面、海参	中区善林洞32-6号	032-7722680
五福庄	오복장	炸酱红薯面	中区善林洞12号	032-7631291
太和园	태화원	锅巴汤	中区善林洞22号	032-7667688

济州岛

济州岛中餐馆资讯

中文名称	韩文名称	特色	地址	电话
大观园	대관원	红烧鱼、炒三鲜菜肴、松茸	济州市妍洞312-54号	064-7466067
桃源	도원	海鲜锅巴汤、干烧虾、中式冷面	济州市Idoi洞1176-25号	064-7224100
茉莉花	재스민	八宝菜、锅巴汤、红椒虾、茉莉花茶	济州市龙潭洞622-1号	064-7113322

★ 如何寻找餐馆集中区

韩国每个城市都有自己的小吃街，而首尔、釜山等城市又拥有带着自己城市特色的美味小吃。在一些购物街区更是会集中几十家各具特色的餐厅，到了韩国在美食街上逛一逛，品尝美味的韩国美食，是旅行途中不可错过的精彩体验。

首尔

首尔的餐厅随处可见，在明洞有各种韩国特色小吃店，新沙洞、江南区附近有时尚高端的餐馆和咖啡馆，钟路区则是韩国传统饮食聚集地，在南山公园、仁寺洞附近则汇集了不少小资情调的咖啡馆。

首尔本土餐馆推荐

名称		地址	电话
百济参鸡汤	参鸡汤专营店	中区明洞2街50-11号	02-7762851
凤雏炒鸡肉	辣炒鸡肉	中区明洞2街33-9号	02-3186981
闵家茶轩	五花肉、山菜拌饭	中区仁寺洞66-7号	02-7332966
全州中央会馆	石锅拌饭	中区忠武路1街24-11号	02-7763525
明洞炸猪排	炸猪排、鱼排	中区明洞1街59-13号	02-7765300
明洞饺子店	韩国饺子	中区明洞2街25-2号	02-7765348
岛屿村小麦田	蛤蜊切面、饺子	钟路区社稷洞200号	02-7235922
土俗村参鸡汤	著名参鸡汤店	钟路区体府洞85-1号	02-7377444
米利乃荞麦面	荞麦面、猪蹄	钟路区Dangju洞34-1号	02-7375777
春川辣炒鸡排	辣炒鸡排	西大门区沧川洞57-8号	02-22639233

釜山

在釜山想要吃海鲜,札嘎其市场周围是首选,想要品尝当地传统美食可前往迎月路附近。在海云台海水浴场、甘川洞文化村周围有酒吧和咖啡馆,可以在那里一边喝咖啡一边欣赏美景。

釜山本土餐馆推荐

名称	地址	电话	网址/交通
锦绣河豚	海云台区中1洞1394-665号	051-7423600	www.ksbog1970.tistory.com.com
东莱别庄	东莱区温泉1洞126-1号	051-5520157	www.dnbj.com/main.htm
忠武生鱼片店	中区南浦洞6街9号	051-2468563	乘坐釜山地铁1号线,在南浦洞站下车步行可到
南浦参鸡汤	中区南浦洞3街12号	051-2455075	乘坐地铁1号线在南浦站、Jagalchi站或中央站下车可到
元祖老奶奶河豚汤	海云台区迎月路62号	051-7422790	乘坐城铁2号线在中洞站下,从7号出口出,步行约700米可到

PART 4 吃货教你吃韩国料理

续表

名称	地址	电话	网址/交通
大长今	海云台区佐洞路14街32号	051-7475570	www.daejanggum.kr
海云四季	海云台区龟南路8街71号	051-7310041	www.bbimbab.com
龟船生鱼片店	海云台区迎月路62街69号	051-7418850-1	乘坐城铁2号线在中洞站下，从7号出口出，步行约1.4千米可到
母牛排骨店	海云台区中洞2路10号街	051-7460033	乘坐城铁2号线在海云台站下可到

济州岛

　　济州岛的餐厅主要集中在济州市区和西归浦的中文观光区附近，济州的海鲜名吃生鱼片、鲍鱼粥、烤玉鲷、海产火锅等都能在这里找到。济州著名的黑猪肉烤肉店也是随处可见。

济州岛本土餐馆推荐			
名称	地址	电话	营业时间
善优英饭店	济州市多浪谷4路10号	064-7488114	10:00~21:00 星期二休息
善屹房主婆婆饭店	济州市朝天邑卧善路254号	064-7831253	夏季10:00~20:00 冬季10:00~19:00
堪顿黑猪肉店	济州市莲洞三无路3支路6号	064-7129229	11:30~22:30
海女饭店	济州市旧左邑东福路5号	064-7834158	10:00~21:00
得利兹亚餐厅	西归浦市中文观光路224号	064-7351000	11:00~20:00
万福情饭店	济州市沙场路38号（莲洞）	064-7431119	8:00~22:00
龙梦猪梦	济州市元老衡路35号（老衡洞）	064-7119911	1层24小时营业，周日晚上不营业 2层9:00~21:00
秀姬餐厅	西归浦市西归洞444号	064-7620777	8:00~22:00

管家提示

韩国美食街推荐

所在地	名称	特色	参考价格	附近景点
首尔	新堂洞炒年糕胡同（신당동떡볶이골목）	每家炒年糕店都开设了"DJ BOX"环节为食客们提供欣赏现场音乐的机会	炒年糕11 000韩元（2人）	东大门历史文化公园、忠武艺术中心（충무아트홀）
江原道	春川明洞烤鸡排胡同（춘천명동닭갈비골목）	不仅有著名的烤鸡排专卖店，还有很多其他餐饮店	9000～11 000韩元（1人）	春川中央市场（춘천중앙시장）、南怡岛（남이섬）
庆尚北道	盈德郡竹蟹街（영덕군대게거리）	11月到次年5月是竹蟹蟹肉最肥的时候，有韩国最美的海岸道路	人均6万～15万韩元	盈德迎日公园（영덕해맞이공원）
全罗南道	咸平天地韩牛拌饭街（함평천지한우비빔밥거리）	韩国国内第一个被指定为韩牛产业特区的地方，特产咸平天地韩牛，主要有生牛肉、生牛肉拌饭等	生牛肉拌饭6000～7000韩元（普通碗）/10 000韩元（特大碗）/生牛肉30 000韩元（300g）	咸平自然生态公园（함평자연생태공원）、咸平EXPO公园（함평엑스포공원）
全罗北道	南原泥鳅汤街（남원추어탕거리）	有"泥鳅汤之故乡"的美誉，南原泥鳅汤	泥鳅汤8000韩元（1人）	蛇巳沟溪谷（뱀사골계곡）、广寒楼苑（광한루원）
大邱	Anjilang烤牛小肠街（안지랑곱창거리）	被誉为"烤牛小肠之天堂"，牛小肠一盘10 000韩元	烤牛小肠10 000～12 000韩元（500g）	大邱前山公园（대구앞산공원）
京畿道	城南南汉山城鸡肉粥村（성남남한산성닭죽촌）	汇聚了众多以鸡肉粥为主打菜品的饭店，独具特色的名品鸡肉粥	鸡肉粥40 000韩元（4人）/土种鸡45 000～50 000韩元（3人）	银杏自然观察园（은행자연관찰원）、望京庵（망경암）

PART 4 吃货教你吃韩国料理

NO.3 像当地人一样用餐

过来人经验谈

 重拾旧时光·男·与家人一起的旅行才是真正的旅行

第一次到韩国的时候，办完入住手续，就钻进了周围的一条小巷子里，点了一小份猪蹄25 000韩元，又点了一瓶啤酒3000韩元，刚点完菜就乒乒乓乓上来了十几个碟碟，一下子就有点蒙了，把身上只带了17 000韩元的事情忘得一干二净。酒足饭饱之后，只能留下一个人当"人质"，让朋友回酒店取钱包。

 匆匆年少·女·来去总是太匆匆

去很著名的老奶奶年糕锅店的时候，刚好赶上他们休息，就在附近找到了一家感觉是老奶奶的女儿开的店面。菜单只有韩文，而且是直接看着墙上的菜单点的。点完菜，锅很快就端上来了，里面有2包方便面、4颗卤蛋、年糕、鱼皮饺、青菜等，里面还埋了辣酱。当锅沸腾起来的时候，整道菜显得很诱人。我们点的4人份年糕锅，共20 000韩元，算下来人均才5000韩元（折合人民币不到30块钱）。

 米粒儿·女·90后·旅行狂人

在首尔街头闲逛的时候，去了一家卖拉面的小店，店里设施很先进，一进门有个点餐机器，上面有餐点的图和价格，选择想要的餐点后将钱塞入机器中，机器会自动找零并打印餐点号码，这个时候我找个位置坐好，服务员"阿组妈"会把做好的食物送到你面前。

★ 韩国人一日三餐吃什么

韩国的饮食习惯以自然为本，最大的特点是所有的料理一次上齐。小菜的数量从几碟到十几碟不等，餐桌的摆放、布置，也随料理的种类而有所不同。韩国人的用餐顺序为，饭菜上齐后，先用勺子喝一口汤，紧接着吃一口米饭，然后再喝一口汤，再吃一口米饭，在这之后才能随便吃东西，如果与韩国人或韩国长辈一起吃饭，需要注意这点。

韩国人一日三餐主要以米饭为主，配以泡菜、肉类与海鲜等，现在韩国的饮食基本上已经很西化了，除了传统的韩国泡菜、烤肉以及大酱汤等，基本上与在中国国内的饮食没有太大差异。需要注意的是，韩国的物价水平与国内差不多，但饮食的花费要比国内高一些。

★ 达人教你看菜单

在韩国餐厅就餐，点菜其实很简单，因为韩国大部分的餐厅菜单都会有图片，部分餐厅还会有中文菜单，十分方便。就餐人数较少的时候可以选择拌饭、参鸡汤、牛肉汤、牛尾汤等菜肴。如果是三五好友小聚，可以吃点韩式烤肉。在吃烤肉时，记得要用生菜包住蘸过调料的烤肉，这才是韩式烤肉最正宗的吃法。

套餐

小吃

煎饼 / 主食

酒水

韩国餐厅菜单

PART 4 吃货教你吃韩国料理

★ 一看就懂的用餐流程

韩国用餐流程

1 预订
如果前往韩国比较高级的餐厅用餐，最好提前预订，普通的餐厅可以不用预订。

2 入座
进入餐厅后，在服务员的带领下到座位就座。

3 点餐
服务员会拿来菜单让顾客点菜，菜单上一般都有图片和英文名称，可以比较顺利地点到自己想吃的食物。

4 用餐
在韩国吃饭的时候，会有许多盘菜一起上桌，一般是先喝汤后吃米饭。在吃烤肉前，一般会有泡菜和南瓜粥等小吃，用餐过程中如果小吃不够吃，还可以再要一份。

5 结账
用餐完毕想要结账的时候，可以叫一下服务员，他会拿账单过来，按照账单金额付费即可。在韩国一般不接受小费，但偶尔有高级餐厅会加收10%的服务费。

★ 结账方式的选择

　　一般的韩国餐厅结账，都可以选择使用现金或是刷卡支付。服务员会在顾客用餐完毕后递上账单，这时候可以直接用现金支付。如果使用银行卡支付，侍者会先拿走账单和银行卡，刷卡后将卡以及要求顾客签字的账单栏拿回来，也可以与服务员一起到餐厅收银台结账。

> **管家提示**
> 韩国料理多数会加入大量辣椒粉，如果不喜欢吃辣，可以在点菜的时候说"mae un gel ne qi ma ra zu sei yao（매운걸 넣지 말아주세요，意为请不要放辣）"。

韩国泡菜

Part 5
韩国扫货必备攻略

NO.1 买什么最地道

过来人经验谈

重拾旧时光·男·与家人一起的旅行才是真正的旅行

韩国是世界知名的 IT 大国，在韩国购买韩国产的电子产品非常划算。在首尔龙山火车站西北方的电器街，各式各样的小型店铺琳琅满目，能找到电脑、电脑配件、家电、电子配件、音响等各式电子产品。在南大门市场里还有照相机街，可以购买价格实惠的新品、二手商品、镜头等相机配件。龙山及南大门的电子商店里，很多商品都没有贴标价签，可在向店家询价的时候，大胆砍价。

陌路·女·即便要老去，但记忆仍在

这次韩国之行，买回来的东西除了奇奇怪怪的零食之外，就是众多的化妆品了。爱丽小屋家的 50 倍防晒 BB 霜、Too Cool for School 家的名声在外的鸡蛋面膜、橙色腮红（有珠光，打在脸上很可爱）、保湿 BB 霜、卸妆水（水性的，用化妆棉擦，很好用）、Come Clean 洗面奶、M.A.C 的粉底液，统统买了回来。韩国的化妆品价格不是很贵，比欧美品牌的化妆品更适合亚洲人的皮肤，所以，到韩国的女孩子多多少少都会买些化妆品带回去的。

★ 服饰

韩国的服饰素以时尚著称，也是众多游客到韩国必买的物品。在首尔的梨大、明洞、东大门等地，除了有世界著名品牌的新款服饰外，还有众多著名设计师的私人小店，那里更是有着世界独一无二的时尚服装。

★ 化妆品

韩国的化妆品风靡世界,以能成就自然清新的妆容为最大追求,而这一理念,在崇尚自然的当下,更是深受广大女性朋友的欢迎。另外,在韩国有不少针对男士设计的护肤品和化妆品,也更加贴合亚洲男性的皮肤,近年来男士到韩国购买护肤品的人数也在逐渐增加。

★ 电子产品

韩国的各类电子产品以其时尚的外表以及结实耐用的特点赢得了广大用户的好评,并且韩国为了吸引游客购买电子产品还会不定期推出针对游客的优惠活动。质量上乘、外观时尚、价格又十分优惠的电脑、手机以及相机等大件都是游客的热门选择。

★ 高丽人参

高丽人参具有抵抗疲劳、增强体力、促进血液循环等作用,韩国的气候条件也特别适合高丽人参的生长,在韩国的商店也能很容易找到包装精美的高丽人参。

★ 韩服

在韩剧中经常出境的韩服以其鲜艳的颜色和独特的设计受到了不少人的喜爱,在韩国各大购物地也经常能看到出售韩服的商店。在韩国旅行时也会有不少人购买韩服或是与之相关的小玩偶等物品,作为旅游纪念品带回家。

★ 陶瓷器

陶瓷器历史悠久，种类丰富，作为陶器和瓷器的合成语，在韩国一般分为瓷器、陶器、石器和土器四种。韩国有高丽青瓷、朝鲜白瓷和粉青沙器等。现在除了古色古香的仿古陶瓷纪念品外，还有很多生活中的陶瓷实用器具可以作为购物时的选择。

★ 工艺品

在韩国，螺钿漆器、木工艺和韩纸工艺等工艺品也是旅游购物不可错过的选择。螺钿工艺指的是按照贝壳的纹样剪出螺钿后，将其贴在物品表面或镶嵌在物品里面的装饰。韩纸工艺品的种类很多，用精细韩纸制成的韩服人偶、韩纸扇子、杯垫等十分受欢迎。

 管家提示

去韩国旅游，除了观赏美景、追赶韩流外，购物是必备的项目。很多女生受韩剧影响，去韩国总会带回些化妆品。那么，去韩国买什么化妆品好呢？在韩国买什么化妆品比较实惠呢？

韩国人气化妆品品牌		
中文名称	外文名称	热门产品
雪花秀	Sulwhasoo	水律莹润提拉系列、滋晶美白系列等
后	Whoo	还幼系列、天气丹系列、水妍系列等
悦诗风吟	Innisfree	火山岩泥系列、绿茶精粹系列等
欧惠	Ohui	塑颜凝时系列、欧惠玄精华素等
兰芝	LANEIGE	夜间修护睡眠面膜、臻白修护柔肤精华露、气垫BB霜等
3CE	3ceyes	3CE唇彩、3CE唇彩猪油膏以及指甲油
谜尚	MISSHA	谜尚妆前乳、谜尚BB霜、谜尚睫毛膏

NO.2 去哪买最合适

过来人经验谈

心野路子宽·男·去看看前面我不了解的那个世界

在釜山的时候，因为有朋友招待，就和他一起去了菜市场，熙攘的人群和喧闹的环境让我特别有归属感，仿佛在这里生活了很久一样。其实每个地方的菜市场，是最能了解当地人生活风貌的地方了。札嘎其鱼市场没有各种托和拉客的人，但许多没见过的神奇动物一一出现。由于出海打鱼的都是男人，所以札嘎其鱼市场上卖海鲜的基本都是女人，这些女人也被称为"札嘎其嫂子"。市场一共分两部分：第一部分是露天的商户和摊位，既可以直接在商户家点各类海鲜来吃，也可以在摊位买海鲜拿去加工；第二部分是大厦内的商家和摊位，内外状况差不多，只不过大厦内的显得更干净一些。

米粒儿·女·90后·旅行狂人

到了韩国先在首尔的乐天Mart采购零食，觉得哪种好吃就拍照记下来，旅程快要结束的时候，按照照片又去买了一大箱零食。化妆品之类的都是在E-Mart买的，对比了价格以后觉得其实与国内没有差太多。在明洞的小商店里见到了一些限量版的化妆品，当时觉得免税店可能会更便宜，但是后来却再也没找到。需要注意的是，在机场免税店里基本上都是常规产品，像一些比较特别的系列很难找到。所以，见到让自己心动的东西一定要当机立断购买，要不然就只能像我一样悔恨终生了。

PART 5 韩国扫货必备攻略

★ **百货商店**

韩国有众多的百货商店,并且多数都是韩国全国连锁经营的,以乐天百货、新世界百货、现代百货、Galleria 百货等为代表。

乐天百货店

乐天百货(롯데백화점,网址www.lotteshopping.com)是韩国著名连锁百货商店品牌。总店位于明洞,在首尔拥有蚕室分店、永登浦分店、清凉里分店、冠岳分店、江南分店、芦原分店等多家连锁店,在全国有十几家连锁店。

乐天百货商店资讯				
城市	中文名称	韩文名称	地址	电话
首尔	乐天百货店总店	롯데백화점-본점	首尔市中区小公洞南大门路81号	02-7712500
	乐天百货店(永登浦店)	롯데백화점영등포점	首尔永登浦区永登浦洞	02-26322500
	乐天百货店(蚕室店)	롯데백화점(잠실점)	首尔松坡区奥林匹克路240号	02-4112500
	乐天百货店(清凉里店)	롯데백화점(청량리점)	首尔东大门区典农洞620-69号	02-9662500
	乐天百货店(江南店)	롯데백화점(강남점)	首尔江南区大峙洞937号	02-5312500
仁川	乐天百货店(仁川店)	롯데백화점(인천점)	仁川南洞区九月洞	032-4502500
京畿道	乐天百货店(一山店)	롯데백화점(일산점)	京畿道高阳市一山区獐项洞784号	031-9092500
釜山	乐天百货店(釜山总店)	롯데백화점(부산본점)	釜山市釜山镇区伽倻大路772号	051-8102500
大邱	乐天百货店(上仁洞)	롯데백화점(상인점)	大邱达西区上仁洞1502号	053-2582500
蔚山	乐天百货店(蔚山店)	롯데백화점(울산점)	蔚山南区三山洞1480-1号	052-9602500
光州	乐天百货店(光州店)	롯데백화점(광주점)	光州东区大仁洞268号	062-2211000

★ **免税店**

韩国的免税店一般在机场内较为常见,在部分热门的购物区如明洞等地也会有一定数量的免税店存在,以新罗免税店、乐天免税店为代表。免税店内销售的商品多为国际品牌，由于免去了关税，价格一般较为便宜。由于韩国很多折扣店打折力度很大，商场出售的商品有时比免税店还便宜，在免税店购买前仍需对比一下价格。

韩国免税店推荐

中文名称	韩文名称	地址	电话
东和免税店	동화면세점	首尔市钟路区世宗路211光化门大厦地下一层	02-3993270
新罗免税店济州店	신라면세점제주점	济州道济州市Noyeon路69号（莲洞）	02-26396000
新罗免税店（金浦国际机场店）	신라면세점（김포공항점）	首尔市江西区天空路112号（空港洞）	02-26396000

★ 名牌折扣购物中心

韩国有不少名牌折扣购物中心，但大多位于距离市区较远的地方。这类名牌折扣购物中心，一般出售世界各大知名品牌，价格较低。

韩国名牌折扣购物中心推荐

邻近城市	名称	地址	网址	交通	营业时间
京畿道	骊州名牌折扣购物中心	京畿道骊州郡骊州邑上巨里460号	www.premiumoutlets.co.kr/chn/index.asp	在首尔高速巴士客运站乘坐骊州方向的巴士→在骊州综合客运站乘坐到名牌折扣购物中心的912路、912-1路市内巴士	周日至周五10:00～20:00 周六10:00～21:00
	坡州名牌折扣购物中心	京畿道坡州市炭岘面法兴里1790-8号	www.premiumoutlets.co.kr/chn/index.as	地铁2号线合井站2号出口，乘坐开往坡州名牌购物折扣中心的200路、2200路巴士	周一至周四10:00～20:00 周五至周日10:00～21:00

续表

邻近城市	名称	地址	网址	交通	营业时间
京畿道	乐天名牌折扣购物中心	京畿道坡州市文发洞回洞路390号	www.lotteoutlets.com	在地铁2号线合并站2号出口乘坐乐天名牌折扣购物中心方向的200路、2200路巴士	10:30～21:00
	现代名牌折扣购物中心	京畿道金浦市高村邑Ara陆路152号街100号	www.ehyundai.com/lang/cn/index.do	地铁9号线开花站2号出口,步行大约26米至开花站广域巴士换乘中心(约1分钟)→搭乘16路居民区小巴士(开花站广域换乘中心),11站后在阿拉航道&金浦客运站下车(约28分钟)→步行约269米至现代名牌折扣购物中心站(约4分钟)	周一至周四10:30～20:30 周五至周日、公休日10:30～21:00
首尔	马里奥折扣商场	首尔市衿川区Digital路9路23号(加山洞60-52)	www.mariooutlet.co.kr/mario_cn/main/main.jsp	地铁1号线加山Digital团地站1号出口,7号线加山Digital团地站4号出口	周一至周四10:30～21:00 周五至周日10:30～21:30
	New Core	首尔市瑞草区蚕院洞70-2号	shop.newcore.co.kr	地铁7号线盘浦站4号出口约5分钟,9号线高速巴士客运站8-2号出口约8分钟	10:30～22:00 (春节、中秋节当天休息)

★ 传统市场

韩国有不少热闹的传统市场也是游客们购物的好去处,在购物的同时还能感受到当地人的生活气息,是深入了解韩国生活的首选之地。在首尔、釜山、济州等地都有这样的市场。

城市	中文名称	韩文名称	地址	经营范围	周边景点 / 交通
首尔	东大门市场	동대문시장	首尔市钟路区钟路266号	服装布料、饰品、婚礼用品、新潮服装等	首尔地铁1、4号线东大门站下车后8、9号出口出可到
	广藏市场	광장시장	首尔市钟路区昌庆宫路88号	农产品、寝具、食品、螺钿漆器等	地铁1号线钟路5街站8号出口或地铁2、5号线乙支路4街站4号出口步行100米可到
仁川	新浦市场	신포시장	仁川中区新浦洞7号	海产品、山野菜、蔬菜、人参、服装、百货	自由公园、仁川唐人街、沓洞圣堂、韩国移民史博物馆
釜山	札嘎其市场	부산자갈치시장	釜山市中区札嘎其海岸路52号	水产品综合市场、活鱼、干鱼类、釜山鱼糕、烤海鳗等	龙头山公园、国际市场、宝水洞书店街
济州	济州东门市场	제주동문시장	济州市三徒2洞	小米糕、肉面条、汉拿柑、济州柑橘、生鱼片、年糕等	济州牧官衙、三姓穴、济州民俗自然史博物馆
春川	春川浪漫市场	춘천낭만시장	江原道春川市朝阳洞	辣炸鸡丁、面条、米肠汤、炒年糕、水果、年糕等	南怡岛、孔之川、烤鸡排胡同、竹林洞圣堂、道立花木园
光州	光州良洞市场	광주양동시장	光州西区良洞5-101号	农产品、水产品、工业品	良洞文化中心、锦南路、光州艺术之街

管家提示

韩国的商场营业时间一般都很长,一般的商店会从早上10点开始营业。这里大型的购物地带比较多,很多商场的营业时间差不多都是10:00～22:00。当然,这里也不缺乏一些夜间还在营业的商场,他们一般的营业时间为11:00至次日5:00。

NO.3 购物必备技能

过来人经验谈

 米粒儿·女·90后·旅行狂人

虽然去韩国没有特别详细的购物计划,但是还是事先把乐天、新罗、韩巢网、韩游网、韩国旅游发展局这些网站上的优惠券统统下载打印了。反正是免费的,打印用的A4纸也不会很贵,万一买东西的时候用上了,打印成本不就直接回来了。

 陌路·女·即便要老去,但记忆仍在

乐天免税店第9层全是卖化妆品的,一下子看到那么多牌子,真的是眼花缭乱。我们分头行动,去给朋友和自己购买心仪的物品。出示银联卡可以打9.5折,部分专柜,如NATURE REPUBLIC,用农行卡可以享受9折优惠。

★ **不可错过的打折季**

韩国每年的固定时间都会有打折活动,在打折季前往韩国购物要比平时节省不少费用。韩国的免税店多在2月、4月、7月、10月、12月有较大力度的打折,韩国的百货商店在1月、4月、7月、10月、12月等月份会有较大折扣。其他大型优惠卖场的折扣季与百货店类似。南大门、东大门市场及其他主要传统市场于7月初和1月中旬左右进行优惠销售,冬夏打折期间内消费者可用20%～30%的优惠价购买商品。

★ **尺码大小要牢记**

韩国的尺码标识与国内不一样,一般采用厘米做基本测量单位,腰围使

用英尺计量，鞋码用毫米标示。在韩国购买服饰鞋帽，应当提前了解好韩国的尺码标识。

男性服装尺码对照表

尺码	S	M	L	XL	XXL
中标（尺码/胸围/厘米）	165/88～90	170/96～98	175/108～110	180/118～122	185/126～130
韩标（胸围/厘米）	90～95	95～100	100～105	105～110	110～

女性服装尺码对照表

尺码	S	M	L	XL	XXL
中标（胸围/厘米）	85	90	95	100	105
韩标/号	44	55	66	77	88
美标	0/1	3/5	7/9	11/13	15/17
意标	36	38～40	42～44	46～48	50～52

韩国男鞋尺码对照表

韩标（毫米）	250	255	260	265	270	275	280	285	290	295
中标	25	25.5	26	26.5	27	27.5	28	28.5	29	29.5
美标	7.5	8	8.5	9	9.5	10	10.5	11	11.5	12

韩国女鞋尺码对照表

韩标（毫米）	220	225	230	235	240	245	250	255	260	265	270
中标	22	22.5	23	23.5	24	24.5	25	25.5	26	26.5	27
美标	5	5.5	6	6.5	7	7.5	8	8.5	9	9.5	10
意标	35.5	36	36.5	37	37.5	38	38.5	39	39.5	40	40.5

★ 掌握语言能砍价

在韩国除了大部分的免税店、东大门市场和著名的大型百货公司外，很多商店的导购员都不会讲中文，所以提前学会几句购物时的常用语，会让在韩国的购物更加有趣，说不定还可以讨价还价呢。

韩国购物常用语言

中文	韩文	发音
多少钱	얼마예요	Eol ma ye yo
有点儿贵	비싸요	Bi ssa yo
便宜点儿	좀깎아주세요	Jom ggak a ju se yo
可以试穿吗	좀입어봐도（신어봐도）될까요	Jom ibeo bado doel ka yo

韩国常用购物词汇

中文	韩文	发音	中文	韩文	发音
衣服	옷	Ot	T恤	티셔츠	T sheo cheu
裤子	바지	Ba ji	鞋	신발	Shin bal
裙子	치마	Chi ma	发票	영수증	Yeong su jeung

管家提示

连比带画终于向导购说完了自己的诉求,可是对方面带微笑"叽里咕噜"说了一大串,只听懂了"思密达"?没关系,学习一下韩国购物常用语,这些问题就会迎刃而解。

韩国购物常用语

中文	韩文	发音
使用信用卡还是银行借记卡	신용 카드 나 은행 직불 카드를 사용	Sin-yong kadeu na eunhaeng jigbul kadeuleul sayong
是否要找回现金	당신이 현금을 원하십니까	Dangsin-i hyeongeum-eul wonhasibnikka
请问你要怎么付款	나는 당신이 지불하는 방법을 요청할 수 있습니다	Naneun dangsin-i jibul haneun bangbeob-eul yocheonghal su issseubnida
把你的收据拿给顾客服务部,他们就会退钱给你	고객 서비스 부서에 영수증을 넣어, 그들은 당신에게 돈을 돌려 줄 것이다	Gogaeg seobiseu buseo e yeongsujeung eul neoh-eo, geudeul-eun dangsin-ege don-eul dollyeo jul geos-ida
我很抱歉,你现在是在只收现金的结账道上	미안 해요, 당신은 현금 계산대에있다	Mian haeyo, dangsin-eun hyeongeum gyesandae eissda
能不能给我一张发票	당신은 저에게 청구서를 줄 수 있습니까	Dangsin-eun jeo ege cheong-guseo leul jul su issseubnikka
我们今天清仓大甩卖	우리 세일 오늘	uli seil oneul

NO.4 说说退税那些事

 过来人经验谈

 回首月落处·女·从历史深处观景

在韩国机场退税，首先先去打登机牌，办理登机手续时要告诉值机人员这样一句话：*I have items for tax refund*。办完值机手续后行李会被贴上行李条，但是不会被直接托运，然后带着行李找到 D 或者 J 柜台侧面的海关申报台。按照规定，海关人员会查验退税商品与退税发票是否一致，然后在发票上盖上海关印章。之后再把行李放到海关申报台旁边的超规行李传送带上，这时行李才真正被托运。托运完后进去安检，安检之后拿着盖好海关印章的退税发票，到 28 号登机口旁边的退税柜台办理退税。退税柜台有蓝色和橘色两个，根据自己发票上的标识排队即可。退税发票上需要填写简单的信息，包括护照号码、姓名和地址等，拿好护照递进去即可，工作人员会根据相应发票退还韩元现金。

★ **在韩国哪里购物可以退税**

在韩国很多商店、商场、百货公司购物都能退税，可在指定的退税点（多位于商场内）或机场退税。韩国比较大型的退税公司有环球蓝联（Global Blue）和全球退税（Global Tax Free）两家。在韩国只要在贴有退税标志的购物场所购物 30 000 韩元以上，3 个月内携带所购商品出境，均可享受退税优惠。

如何才能获得退税资格

1 在相关税务机关指定的商店中，购物30 000韩元以上，3个月内携带所购商品出境者。

2 在韩滞留期间为6个月以内的外国游客。

3 在韩滞留期间为3个月以内的海外侨胞（持有韩国护照，拥有韩国永久居住权者）。

4 在海外居住3年以上的留学生。

5 驻韩美军、驻韩外交官、未携带护照者、超过滞留时间者、在韩就业者、代理人等不能获得退税资格。

tips

环球蓝联（Global Blue）和全球退税（Global Tax Free）是两家不同的公司，在其对应的公司指定商店购物只能到该公司退税点退税。例如在贴有Global Blue标志的商店内购买的商品只能去Global Blue的退税所办理退税。所以请务必首先确认退税单上的退税公司标志，然后去相应退税公司的退税所办理退税！

环球蓝联（Global Blue）公司官网：www.globalblue.com

全球退税（Global Tax Free）公司官网：www.global-taxfree.com

环球蓝联

全球退税

★ 旅行者退税流程

在韩国购买商品时，商品价格内都会包含一定金额的税金，这些税金一般被用作韩国居民的社会福利金。而非韩国居民所购商品在出境时，经确认后，通过相关法定步骤可将相应税金返还。适用税种为增值税（10%）与特别消费税。

韩国购物退税流程

1 **在指定地点购物**

在标有"Global Blue TAX FREE"或"Global TAX FREE"标志的指定商店中购物后，取得退税单（TAX REFUND）。

2 填写退税单

需要填写一式三联的退税申请表，要填写的信息包括姓名（拼音，与护照一致）、护照号码、本国地址（在韩国的住址）、消费金额、退税金额等。

3 市内退税

（1）在位于主要城市市中心的退税所内出示所购商品和退税单、护照及国际信用卡（VISA、万事达、美国运通）；
（2）当场领取退税金。

4 机场退税

（1）换取登机牌；
（2）在海关检查台向海关人员出示所购商品和退税单，经确认后加盖"物品出境（ALL GOODS EXPORTED）"章；
（3）在大型物品专用柜台托运行李并接受出境审查；
（4）完成出境审查后在退税窗口领取退税金。

5 选择退税方式

可以选择现金、支票、刷卡等方式退税，但最好选择刷卡退税，这样可以省去携带零钱的麻烦。如果还打算在机场免税店购买一些小东西，那就可以选择现金退税。

tips

在韩国机场退税的游客较多，如果打算在韩国机场退税或是领取所购买的免税商品，一定要提前到达机场，为自己留出充足的排队等待时间。一般情况下，为退税等事项单独预留出1小时左右的时间比较合适。

管家提示

如果没有退税窗口或者遇到退税所关门的情况，请将退税申请表按照规定格式填好后投入指定信箱（Mail Box）内。这样1~2个月内可以通过与信用卡连接的银行账户或者以现金邮件的形式收到退税金。

中国春节前后以及节日连休等访韩游客较多的时期，在韩国城市市区内退税所提前办理退税后可以减少在机场办理出境手续的待机时间。

NO.5 买多了东西怎么办

过来人经验谈

米粒儿·女·90后·旅行狂人

在韩国买了两大箱零食，一箱是试吃，一箱是储备。储备的那一箱直接在乐天Mart邮寄回国了，虽然运费有点贵，但分摊到各个零食身上也就没什么了，比在国内买海外代购的零食要安心得多。5千克的零食箱邮寄回国花了55 000韩元，在乐天Mart的服务柜台就能直接邮寄了，回来以后没多久就收到了，算了下时间，包裹在路上一共走了7天左右吧，也还算比较快的。

★ 带上飞机的行李有什么要求

韩国的海关安全检查对于带上飞机的物品有着更为详细的要求，如果打算带化妆品、在机场免税店购买的商品等物品上飞机的话，一定要提前了解清楚相关规定，以免到时候出现麻烦。携带飞机上严禁携带的物品时，将没收相关物品，如有犯罪嫌疑，将交与警察加以处罚。

韩国对机内物品的规定	
分类	详解
尖利危险的物品	所有尖锐物品（指甲刀、瑞士军刀、剪刀、文具刀等）都不可带入机舱。部分禁止带入机舱的物品可以向相应的航空公司申请托运处理

续表

分类	详解
液体类、胶类、气雾剂	不可携带液体类、胶类及气雾剂进入机舱，机内设有检测装置。化妆品类许可容积不得超过 100 毫升 [每名旅客每次仅允许携带 1 个容积不超过 1 升（L）的密封透明塑料袋]。 可携带进入机内的条件： 1. 容器应置于 1 升（L）的透明密封塑料袋中 2. 放入约 20 厘米 ×20 厘米大小的透明密封塑料袋中，并封口 3. 塑料袋没有完全密封时不可携带登机 4. 安检前将其与其他行李分开，并向检查人员出示
免税品	安检后在机场免税店购买的，或从市区免税店购买后在机场免税店领取的液体类、胶类、气雾剂类（包括酒类和化妆品）物品，如符合以下条件，则可以携带进入机内。 1. 物品用免税店提供的透明封印袋或采用国际标准方式制造的保安袋（STEB:Security Tamper Evident Bag）包装 2. 在抵达最终目的地前保持未开封状态 3. 购买免税物品时的发票放在保安袋内或贴在保安袋上时可以不限容量带入机舱
例外物品	1. 带婴儿乘坐飞机时，可携带飞行途中使用的婴幼儿饮食类物品（幼儿用的流质食品、母乳、果汁等） 2. 飞行中使用或服用的医药品（有医师处方的所有药品和市场销售药品） 3. 旅客维持身体健康必需的特殊食疗处方食物（乳糖、谷蛋白等）

tips

1 密封塑料袋
1 升（L）规格的密封塑料袋可在机场内的便利店、药店、书店等处购买。

2 保安袋
购买免税品时免税店会提供保安袋。因各个国家的规定有所差异，若途中经过其他国家时，最好提前向航空公司或旅行社了解一下该国关于转机旅客携带物品登机的相关规定。

3 处方药
处方药必须持有证明药品名和物品出处的资料（药单、药袋、诊断书等）。

★ 行李邮寄

在韩国，邮寄信件、物品时，无论邮寄到韩国国内还是国外，均按克计价。在韩国邮局网站 www.epost.go.kr 可查看邮局业务信息。韩国的红色信筒可以邮寄明信片及普通信件，但是，现在韩国的红色信箱数量不多，想要邮寄明信片或邮寄行李时，需要到附近的邮局邮寄。

管家提示

韩国国内普通邮件价格表		
区分	重量	价格
规格内邮件	5 克以内	270 韩元
	5~25 克	330 韩元
	25~50 克	320 韩元
规格外邮件	超过 50 克	每 50 克（1 千克以内）120 韩元
	超过 1 千克	每 200 克（2 千克以内）120 韩元
	超过 2 千克	每 1 千克（6 千克以内）400 韩元
韩国国内特快及邮递包裹每增加 1 千克费用增加 400 韩元，限 30 千克		

PART 5　韩国扫货必备攻略

Part 6
如何在韩国自驾游

NO.1 准备

 过来人经验谈

 重拾旧时光·男·与家人一起的旅行才是真正的旅行

韩国境内自驾游的方法一般有两种,第一种为自己从国内带车来韩国,但是因为手续烦琐不推荐。第二种是在韩国租汽车,一般的家庭用3厢轿车的租金为一天3万韩元,押金在200万韩元左右。汽油的价格在1700韩元/升。

如果认为价格昂贵可以只在济州岛租车,这样可以免去车辆的摆渡费用(价格在1000元人民币左右)。济州岛的交通不是很便利,在济州岛租车自驾游是最有乐趣的。如果担心在韩国不熟悉路线而找不到路,那就在租车的时候要求老板安装GPS,韩国的GPS地图非常强大,即使一般的山村也会在里面标注,操作也很简单,只要能看懂地图就会使用。如果实在不行也可以在济州岛找包车的出租车,价格10万韩元/天,省时省力。

 心野路子宽·男·去看看前面我不了解的那个世界

在韩国自驾游,行程还是比较好规划的,主要的热门城市就是首尔、釜山和济州岛,想要了解历史,就把庆州、大邱、光州这些城市加进去,想要追剧就去春川、南怡岛等地。但是要注意,韩国不少景点游玩起来需要的时间都很长,一定要留出充足的时间,否则就变成辛苦赶路的运输司机了。

 小黄人·男·父亲的肩膀是最美的翅膀

其实韩国城市之间的火车非常方便,自驾游在路上花费的时间反而会更多。但是，济州岛是例外，济州岛的海岸到处都是迷人的风景，很多地方没有公交车站，步行又太远，自驾游济州岛是非常明智的选择。如果不愿意开车，也可以选择更加省心的包车出行。

 陌路·女·即便要老去，但记忆仍在

决定租车自驾后，我便开始联系办理国际驾照，因为在韩国开车必须有这个。百度一下"国际驾照"，有很多公司可以办理。电话询问后发现，这些公司对自己的驾照在欧美国家使用非常有信心，但对于在韩国使用不敢打包票。我办了有效期为 1 年的国际驾照，价格是 398 元，并提交了照片、国内驾照、签名扫描件。加急件又额外花了 100 元，3 天就办好了。

★ 了解韩国的公路状况

韩国的公路分为高速公路（高速道路）、国道等种类。高速公路覆盖韩国大部分地区，无论是国有的高速公路还是私营的，基本上都是收费公路。高速公路的服务区功能多样，可以加油、用餐、洗车、购物等。主要的高速公路有大邱—釜山高速公路、仁川国际机场高速公路、首尔—襄阳高速公路和首尔外环高速公路等。

★ 确定行程与路线

根据在韩国旅行的时间，计算好每天大概要走的里程，提前确定自驾行程与路线，能让自己的韩国自驾游更加舒适。旅行日程不宜安排得太满，可在自驾中间阶段安排 1 到 2 天的时间进行调整。

1 在地图上标注游玩地点

可先到网上下载或购买一份韩国地图，将想要去的城市和地区标注出来，勾勒出大致的线路轮廓，完成路线初步设计。然后根据路线距离、在韩国的旅行时间、预算等事宜，对目的地进行取舍。

2 每天行车里程计划

决定路线时，根据自驾人数、线路中的道路级别、目的地等因素，考虑每天的行车里程，然后根据每天的行车里程，再调整线路计划。在韩国自驾游，如果全天为高速公路行驶，每天行车里程可在 500 千米左右，如果在市区内或走国道，应当将每天的行车里程控制在 300 千米以内。

★ 买一份中韩文的地图

可以到网上或书店等买一份韩国最新的中韩文对照地图。另外，还需要在手机、iPad 等设备上下载韩国公路地图，最好能提前离线缓存一些电子地图，以免信号不好时无法使用。

★ 提前办理相关证件

能在韩国使用的驾照为韩国当地签发的驾照与国际驾照两种。如果有中国驾照,需要先办理公证翻译件,拿到韩国驻华大使馆(或其他领事馆)认证,再到韩国车管所提交申请,在本人到达韩国后,参加韩国驾照的笔试,通过后可拿到韩国驾照。如果有国际驾照,则可以直接持国际驾照在韩国租车自驾。

管家提示

不少游客既想享受自驾游的自由和随性,又不想忍受自己开车的那一份辛苦,但是又怕包车游玩得不够尽兴。以济州岛为例,详细介绍包车与租车出行的优劣,可根据自身实际情况进行选择。

方式	费用	游玩时间	路线规划	耗费精力
包车	约10万韩元/天	8小时 超出需加钱	提出要求,司机完善	一般
租车	约5万韩元/天 油费自负	24小时内自己决定	自己规划,自己找路	较为耗费精力

NO.2 拼车

🔶 **过来人经验谈**

小黄人·男·父亲的肩膀是最美的翅膀

在确定前往韩国旅游前，突发奇想，想要找两个人和我拼车自驾游韩国。于是在某旅游网站上发布了韩国拼车自驾游的信息，信息主要包括出发城市、目的地、出发时间、集合地点及同游天数等，陆陆续续收到了不少人的询问，最后找了两个聊得来的留学生。感觉非常幸运，第一次寻求拼车游就找到了在韩国的留学生，一路上最大的感受就是语言的强大，会韩语和不会韩语真的差别好大。

★ **车友常用的拼车论坛**

如果同行人数较少，或是想要组个车队游览韩国，可以前往各大拼车网站寻找志同道合的车友们一起开始自由自在的韩国自驾之旅。

车友常用拼车论坛推荐	
名称	网址
穷游网	www.qyer.com
拼车网	www.pcwcn.com
AA拼车网	www.aapinche.cn

PART 6 如何在韩国自驾游

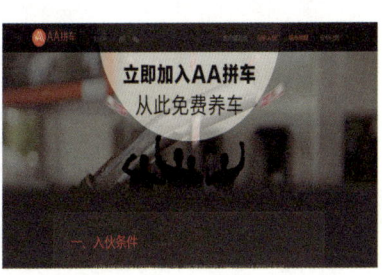

181

★ 拼车自驾不可忽略的事情

1 了解拼车人信息
先在拼车网查询车主或拼车会员的历史拼车记录，选择诚信可靠的用户一起拼车。拼车时核对对方身份，记下对方电话号码、住址、单位、职业情况等信息，查看身份证、驾驶证等。

2 商定拼车信息
出发前尽量了解清楚各拼车人的情况，费用、行车路线、搭车时间等应在出行前就确定，多人拼车还要对迟到等情况做出商定。

3 女性拼车需谨慎
女性与他人拼车时，在对拼车人了解不多的情况下，最好不穿低胸、吊带装；在拼车过程中发现有不对的情况，可大声向周围人呼救，请求帮助，或立即下车。

管家提示

拼车游玩的人来自不同的生活环境，有着不同的生活习惯、喜好，如果拼车，需要互相包容。如果在拼车行之前能够将各自的习惯和可能给对方带来的不便提前说出来，有利于愉快顺利地完成拼车之旅。拼车途中可能会遇到各种意外，最好事先想到，有应对的措施和书面约定。每辆车最好有2个会开车的人，可以轮换着开，以免疲劳驾驶。

NO.3 租车

过来人经验谈

心野路子宽·男·去看看前面我不了解的那个世界

在韩国的自驾,是朋友租车带我们玩的,一辆九成新的起亚,约5万韩元/天。釜山去首尔的路上还在大邱的Motel住了一晚上,4万韩元不算很贵,但是设施很齐全,牙刷、剃须刀、毛巾、电吹风、冰箱、饮水机、电视、空调一应俱全。连化妆品都有,瓶瓶罐罐的一大堆,还都是免费使用。

★ 租车自驾需符合资格

在韩国自驾需要出示韩国驾照或是国际驾照,如果没有,需要提前准备。中国新版驾照有中英文说明,在韩国仅使用中国新版驾照也会有很多租车公司租给车辆,但是一旦出现意外,会被定为无照驾驶,面临严厉处罚,十分麻烦。

★ 学会挑选租车公司与车型

在韩国自驾游,租车最好选择赫兹、安飞士等全球连锁的大型汽车租赁公司,不仅能享受较为低廉的租车价格,这些公司还有中文网站,可以在出发前方便地租到车。

韩国主要租车公司推荐	
名称	网址
赫兹租车公司(The Hertz Corporation)	www.hertz.com
安飞士租车公司(Avis Rent a Car System)	www.avis.com
欧洛普卡租车(Europcar)	www.europcar.com
国家租车(National Car Rental)	www.nationalcar.com
Sixt 租车	www.sixt.com

PART 6 如何在韩国自驾游

大型正规的租车公司也能在出现交通事故等意外的时候及时给予帮助。

在挑选合适的车型时,最好按照出行人数确定,一般 3 个人出行选择 5 座汽车比较合适。这样可以留出足够的空间放行李和休息。韩国的公路状况较好,如果不前往山区,一般的轿车或是商务车就可以基本满足出行需求。如果打算在济州岛尝试汉拿山的自驾路线,则最好选择具有越野功能的四驱车辆。

韩国自驾租车常见车型		
车型	特色	代表
Economy(经济型)	经济型的微型车,耗油最省,最多可载 4 人,建议不超过 3 人,通常为两厢,行李箱较小,可装两件标准登机箱	雪佛兰爱唯欧(Chevrolet Aveo)、现代雅绅特(Hyundai Accent)、丰田雅力士(Toyota Yaris)
Compact(紧凑型)	适合家用,较为省油,最多可载 4 人,建议不超过 3 人,有两厢车型和三厢车型,行李箱一般可装一件大行李和一件标准登机箱	福特福克斯(Ford Focus)、道奇酷博(Dodge Caliber)、尼桑骐达(Nissan Versa)
Standard/Intermediate(标准型/中档型)	适合家用,油耗一般,最多可载 5 人,建议不超过 4 人,多为三厢车型,行李箱可装两大两小行李	现代索纳塔(Hyundai Sonata)、起亚远舰(Kia Optima)、丰田卡罗拉(Toyota Corolla)
Fullsize(全尺寸)	大型轿车,适合长距离旅行,较为耗油,最多可载 5 人,三厢车型,行李箱可装两大一小行李	道奇公羊(Dodge Charge)、福特金牛座(Ford Taurus)、日产阿蒂玛(Nissan Altima)
Luxury/Premium(豪华型)	大小与全尺寸车辆相同,配置更全面豪华,较为耗油,最多可载 5 人,三厢车型,行李箱可装两大一小行李	克莱斯勒 300C(Chrysler 300)、福特皇冠(Ford Crown Victoria)、克莱斯勒太平洋(Chrysler Pacifica)
Van/Minivan(面包车/小型面包车)	适合较多人数的家庭出游和拼车出游,适合长距离旅行,可载 7 人,可装载较多行李	道奇凯领(Dodge Caravan)、克莱斯勒(Chrysler)、别克 GL8
SUV(多功能运动车)	旅行用车多面手,可在路况较好的公路奔驰,也可在野地行驶,适合长距离旅行,较为耗油,按座位数可分 5 座和 7 座,可装载较多行李	M 级:福特翼虎(Ford Escape)、吉普自由客(Jeep Liberty);S 级:大切诺基(Jeep Grand Cherokee)、福特探索者(Ford Explore)、雪佛兰开拓者(Chevrolet Equinox);F 级(7 座):雪佛兰 Tahoe(Chevrolet Tahoe)

续表

车型	特色	代表
Exotic/Special（特殊车型）	个性突出的敞篷跑车，适合在风景秀丽的景区公路观景，最多可载4人，较为耗油，车厢紧凑，可装载两件行李	福特野马版敞篷（Ford Mustang Convertible）、克莱斯勒赛百灵（Chrysler Sebr-ing）

★ 学会网上租车

通过网上查询和预订是非常便捷的方式。可以登录各租车网站了解各车型的价格信息，查询是否有特别优惠活动，目的地租车门店的分布，是否有便捷的取车点。此后便可选定某一租车公司并根据系统的提示进行预订。

网上租车流程

1 搜索车辆报价

进入各国际租车平台官网根据用车计划选择取还车地点和时间进行车辆报价搜索。

2 填写租车订单

选好车型后，详细阅读保险说明、驾照要求、订单条款、租车须知等，按照要求填写驾驶员信息和联系人等信息。如果有额外驾驶人、儿童座椅等特殊要求，也应当在此时填写清楚。

3 在线/到店支付

可选择在线支付或到店支付费用，一般在线支付会有一定的优惠。选择完支付方式后，在线支付需要使用信用卡支付费用，然后会收到预订确认邮件。

4 下载或打印提车单

收到确认邮件后，可将邮件附件的提车单下载到手机或iPad等终端，或是直接打印出来。在提车时需要向门店员工出示提车单（电子版或纸质版均可）。

> **管家提示**
>
> 有一些租车公司要求提供信用卡号码，如果预订了却不提车，会直接从信用卡里扣除相关费用。如果旅行计划有更改，一定要提前2~7天取消预订。选择连锁的正规公司租车，不论在哪里，车若出了故障或被撞坏都可以直接打电话给租车公司，他们会来把故障车拖走修理，同时开来一辆新车。此外，连锁租车公司大部分都可以异地还车，但各公司对于异地还车所收取的手续费不尽相同。

NO.4 提车

过来人经验谈

 小黄人·男·父亲的肩膀是最美的翅膀

在韩国自驾一定要租一个导航，韩国导航很好用，输入电话就能导到地点。在提车处有地图赠送，上面全是各个景点的电话号码，输入电话后导航就会直接给你导到景点停车场，酒店、餐馆也是这样。所以，在韩国，所有的店牌下面都有电话号码，在我眼里，这就是给你导航用的。

 陌路·女·即便要老去，但记忆仍在

我们是在机场的租车柜台租的车，没有在网上提前预约，由于去的时候是旅游淡季，价格还是很合适的。在安飞士租的车，先选择了车型，然后选保险类型，有 Normal 和 Super 两种，Normal 保险 33 000 韩元，Super 险 60 000 韩元，具体包含哪些险不知道，但当你开车发生事故时，Normal 险需要你交修车期间损失的租车费作为赔偿，Super 险则不用再交赔偿。所以感觉还是选择 Super 险更安心。

然后柜台会复印你的国内驾照、国际驾照、护照，然后给你一张条，上面写着车型、租几天、还车时间、价格、在机场几号口坐摆渡车去提车点。提车点离济州机场非常近，还车也是到提车点，然后坐摆渡车回机场。

在提车点签个字就可以去开车了，在出口处的时候工作人员跟我们一起检查了车辆的划痕等情况，还教我们怎样使用导航。

★ 如何前往租车公司网点

机场及其附近

在机场取车一般有三种方式:

(1)租车公司柜台在机场航站楼内,直接办理取车手续,在机场内取车。

(2)提前拨打提车单上的门店联系电话与租车公司工作人员联系,工作人员驾驶车辆到机场到达大厅举牌等待,并立即办理租车手续。

(3)乘坐免费穿梭巴士抵达机场外的租车公司门店办理取车手续。在出机场海关后,留意"Rental Car Shuttles"之类的标识牌,按照指示抵达免费穿梭巴士停靠站台,向司机出示提车单,可与同伴一起携带行李乘坐免费穿梭巴士抵达车行门店。

市区及下榻酒店附近

可找一个市区内离下榻酒店较近的门店去取车,价格相对较便宜。市区有的门店在工作时间会提供一定范围内的送车服务,你只需提供具体时间和地点。至于送车服务是否收费,需提前咨询。

> **tips**
>
> 建议直接去门店取车,在同一车组下,可以根据自己的喜好挑选更适合的车。颜色、新旧等细节信息是预订时没办法确认的。

★ 一图学会办理手续

根据订单提供的信息,找到租车公司营业柜台或门店,即可办理相关手续。

韩国租车办理流程

- **出示相关证件** → 出示本人护照或其他有效身份证件、驾照(有些租车公司要求提供英文翻译件或者公证书)、提车单打印件和国际信用卡。如果多人驾车,同时到柜台前出示驾照,并把名字列在租车单上

- **填信息** → 工作人员填写租用车辆的基本信息,复印驾照、证件之类的文件

- **保险选择** → 网上的租车价格通常不含保险。保险包括若干项目,一般情况下,分为基本险(碰撞险、盗窃险、第三者责任险)与超级补充险(基本险及包赔车辆损坏费、故障救援费、车辆停运费等)两种,费用为3万~6万韩元,可根据实际情况选择

- **提交信用卡** → 刷卡冻结押金,通常冻结的资金是实际租金的1~2倍,还车结算时,扣除实际发生额并归还其余冻结款

- **确认租赁合约、签字** → 仔细阅读租车合同中的内容条款及合同内相关的增值服务项,确认无误后签字。工作人员将提供租车合同、费用清单小票、车钥匙等,注意保管好所有合同及单据

- **车场验车、取车** → 一般顾客自行到车场,有时工作人员带领顾客去提车,仔细验车,验完做好记录即可开车上路

▲ 韩国租车办理流程图

韩国旅行助手

★ 提车注意事项

1. 升级车型

如果原来预订的车没有了，工作人员通常会更换更高级的车款，这时应要求进行免费升级。如果忘记要求免费升级，可在还车时凭单据退回额外的费用。若原预订的车有供应，想更换成更高级车型时，须支付对应的升级车型费用，升级车型会产生对应租金差价，信用卡也会冻结相应额度，在还车时进行结算。通常是一次性缴付且须支付对应税费。

2. 保险

租车时千万要买保险，租车公司的工作人员会解释保险的事情，如果购买了海外旅游意外险，可以考虑不再购买租车公司提供的顾客财产损失险。有很多信用卡公司的服务包括车险这一项，如果使用该信用卡租车，就不需要买车险，可提前跟信用卡公司确定。一旦和别的车发生了碰撞，打电话给保险公司，等他们来处理。不管谁错，千万别轻易道歉。

管家提示

提车时必须携带有足够额度的国际信用卡，租车公司一般不接受现金作为押金，也不提前收款。如果使用现金作为押金而被租车公司拒绝取车，已支付的预订租车费用将无法退还。

PART 6 如何在韩国自驾游

NO.5 驾车

过来人经验谈

 小黄人 · 男 · 父亲的肩膀是最美的翅膀

  韩国高速公路交费跟中国一样有快速通道（上面有电子字那个口），一般租来的车都没有快速通行卡，要选上面无字的通道交费通过。

 心野路子宽 · 男 · 去看看前面我不了解的那个世界

  是朋友的车，车上的GPS都是韩语的，我既看不懂也听不懂，只能靠图示，好在韩国GPS在超限速时会响铃提醒，直到司机减速到限速内（高速路上提前900～1000米、国道提前600～700米提醒）。这点确实比国内GPS好用，而且韩国在车辆行驶时没有在车前方突然闪光拍流量的电子眼，仅在路上有明显可见的大型摄像头，所以很好辨认，只要按GPS指引，及时减速就不会有问题。即使过隧道，也没有特别限速标志。所以驾车体验是很舒服的。

★ 了解当地驾车习惯

  韩国的道路是靠右行驶的，车辆构造也与中国国内没有太大的区别，一般情况下，在韩国自驾不会有太多不适应的习惯。在确认没有行人的前提下，红灯时可右转。7岁以下儿童禁止坐前排，并且需使用儿童座椅。所有乘客均需佩戴安全带，否则罚款30 000韩元。韩国道路交通指示牌同时使用韩语及英语，但由于布局位置不一且道路拥堵，往往可能被不熟悉路况的司机忽视，需要多加留意。

关于限速

韩国的公路限速一般为：普通公路不得高于60千米/小时，省道为30～90千米/小时（视现场标志而定），2车道高速公路48～80千米/小时（视现场标志而定），4车道高速公路50～100千米/小时（视现场标志而定）。超速罚款90 000韩元。韩国高速公路可使用现金或车载设备（On Board Unit）+HI-Pass通行卡进行支付，高速公路通行费根据车型决定，普通车辆高速公路费用3000～6000韩元。

停车场收费情况

韩国大型停车场内均设有残疾人专用的免费停车位，普通车辆禁止使用。普通地段停车费约每小时1200韩元，繁华地段停车费会更贵一些。违规停车（如在巴士站停车）罚款约40 000韩元。

加油须知

韩国境内加油站以人工服务居多，也有自助式加油站，基本都能接受信用卡或现金结账。当地油品以汽油和液化石油气（LPG）为主。汽油每升约1700韩元，柴油一般比汽油便宜10%～15%。

★ 故障/违章/意外事故处理

如果不幸遇到车辆故障或损坏等意外事故，可直接联系租车协议上的门店或道路救援电话，租车公司会及时提供相应的帮助，遇到交通事故要第一时间报警，再跟租车公司了解如何处理。

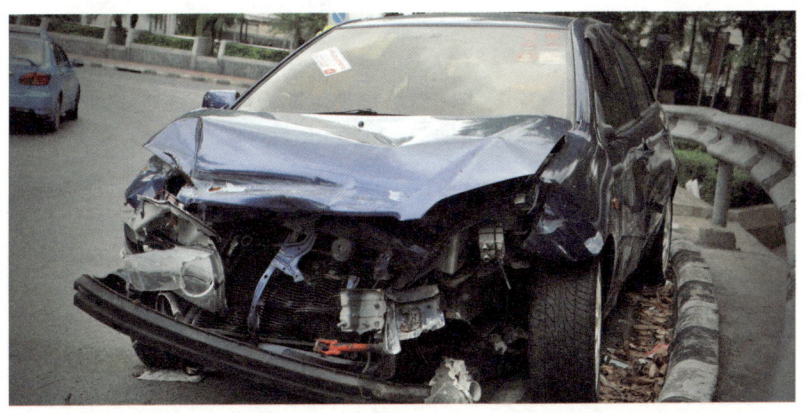

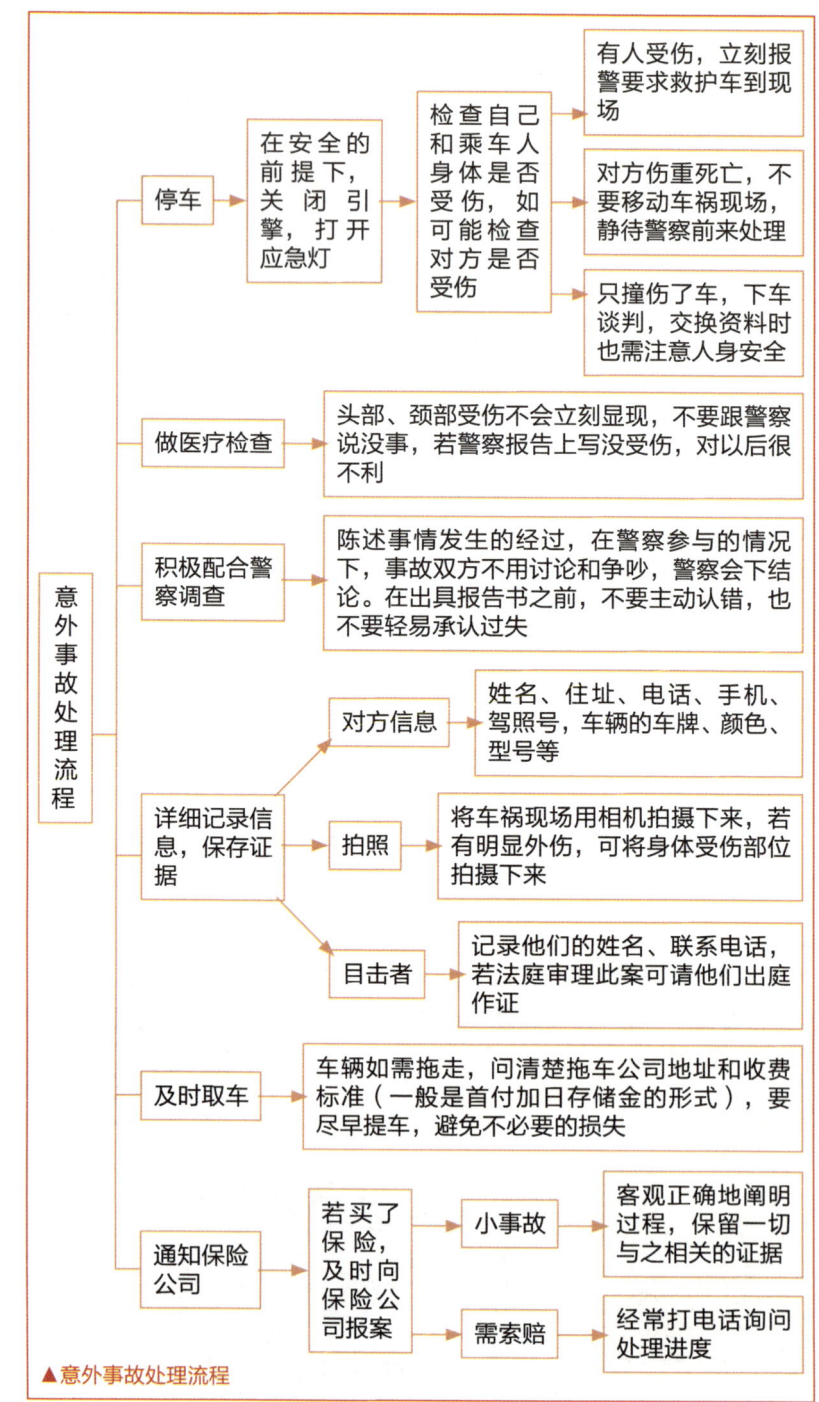

▲意外事故处理流程

（1）车辆被砸（被盗）

车辆被砸（被盗）是比较严重的意外事故，遇到时不要慌张，按流程办事，能使意外得到更好的解决。为了避免这一类严重事故的发生，车辆应尽量停在有人看守的收费停车场，若停在免费停车场或偏僻地带，不要在车内留下任何重要私人物品。

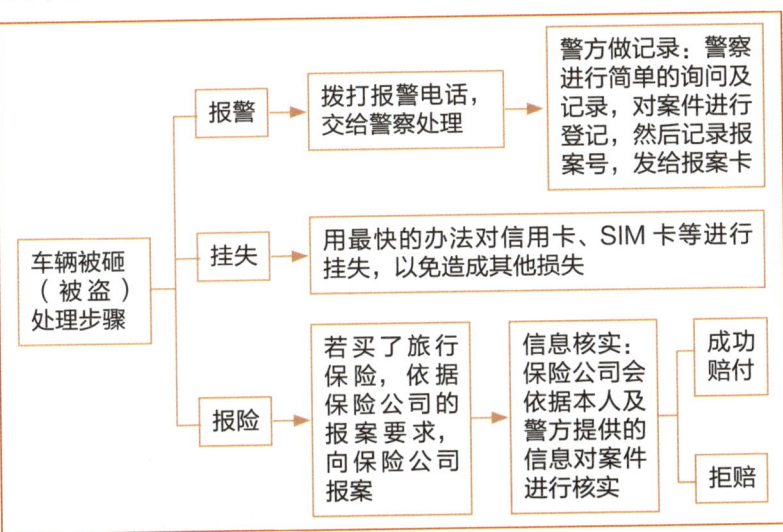

（2）剐蹭

如果只是剐蹭，将车辆移至路边，责任明确之前不要因为客气而先道歉。拨打电话报警，由警察登记事故情况。当事双方分别向警方描述事故过程，不要打断对方的描述。互相交换保险公司信息和联系方式，如果车辆损坏影响正常行驶，不要盲目处理车辆或现场，尽快联系租车公司和保险公司。如果只有些擦剐小伤，无人身伤害，且责任明确，私了比保险合算。私了省时省事，过错方可以避免违章记录及保险费增加。

tips

1 若在事故中有人受伤，等待期间除将伤者移送安全地带外，不要妄动伤者身体，以免发生额外责任。

2 如果有人受伤，法律规定一定要报警。一则有警察记录比较好办事，二则警察会查看并交换双方保险卡、驾照等相关信息。无论哪一方的过错，都不要把过失全部揽到自己身上。

3 如果证件在事故中被盗，补办证件时，使馆（领事馆）会根据你提供的报案号核实，为你补办旅行证件或签证。

★ **随车设备有备无患**

GPS 导航仪

在韩国自驾准备一个中文导航仪十分有必要,如果不想自己购买,可从租车公司租赁导航仪使用。如果前往信号不好的地方,可以再租赁一个随身 Wi-Fi 搭配使用。

当地最新地图

可在国内购买中韩文版的当地地图,或是在租车公司提车的时候购买地图。

儿童(婴儿)座椅

如果同行人员中有儿童,务必要准备儿童(婴儿)座椅,韩国法律规定 7 岁及以下儿童不能坐在副驾驶位置,且必须使用儿童(婴儿)座椅。可以自己准备或是在租车公司租赁。

雪地轮胎 / 防滑链 / 滑雪板架

如果在韩国的冬季前往韩国自驾,由于经常下大雪,最好能更换为雪地轮胎,或者携带 / 租赁防滑链等防滑设备。

管家提示

韩国城市里的加油站很多,基本上每 5 千米就有一个,用红色标识的为 SK 公司旗下的加油站。加油站提供的汽油有普通和高级两种,普通汽油一般价格在 11 ~ 12 元人民币 / 升。韩国加油站的工作人员很热情,服务很周到,只要有车友进站,他们就会主动上前询问,提供帮助。

NO.6 还车

过来人经验谈

 小黄人·男·父亲的肩膀是最美的翅膀

还车时,我们没有选择异地还车,直接把车开到机场的还车点。前往机场还车点挺方便的,进入机场范围后,道路上就可以看到租车公司专用的"Rental Car"指示牌,按着指示走正确车道即可抵达。那里的工作人员对我们所开的车进行了简单的检查,记录了一下还车时间和车辆状况,给了我们发票,就说可以走了。还完车,我们拿着行李,坐上了租车公司提供的免费穿梭巴士前往机场。

 陌路·女·即便要老去,但记忆仍在

需要注意的是,还车时要加满油,提车点附近全是加油站,早6点开门。韩国不分93号、97号油,就一种油,我们在济州岛狂跑3天,还车前加满花了78 000韩元。

★ **机场还车轻车熟路**

将车辆开到机场的租车网点还车后直接登记回国,无疑是最为方便的还车方法。韩国的道路时常堵车,如果打算开车前往机场,一定预留出足够的时间,以免误机。

PART 6 如何在韩国自驾游

机场还车流程			
前往机场门店			进入机场范围，留意道路指示牌，会有租车公司专用的"Rentel Car"路牌指示，选择正确车道行驶
抵达租赁门店	人工还车		工作人员会对车辆进行检查，并记录车辆返还的时间和车辆状态
	自助还车		用相机或手机拍下车辆外观照片（包括车顶），开启时间显示功能以证明拍照的时间，以免日后发生纠纷
索取收据	人工还车		在还车站点向工作人员索取票据
	自助还车		无须向工作人员索取票据
乘免费穿梭巴士前往机场候机楼			携带行李抵达穿梭巴士停靠站台，并告知司机航空公司名称和航班号，下车后不要遗忘个人物品
退还押金			如果租车期间没有违章，通常一个月内，押金将自动解冻，归还至信用卡中

▲ 机场还车流程

tips

1 查看收据
收据是还车、付款的有效凭证,仔细核对收费及扣款信息,如有疑问及时交涉。

2 按时还车
还车时间按小时计算,避免超时还车,超时会被罚款。

★ 异地还车方便快捷

如果打算异地还车,最好在预订车辆的时候就勾选异地还车的选项,这样能节省一定的费用。如果是临时决定异地还车,则大部分公司会收取不少的费用。可在各租车公司网站上查询相关费用。

管家提示

异地还车可能有一定的费用产生,收费标准由不同供应商以及取还车门店而定,可到租车公司网站上查询,提车时需要在门店刷信用卡支付。如果中途计划有变需要提前还车、延长租车时间或改变还车地点,需要提前通知租车公司更改,否则会被收取一些类似罚金之类的费用。

Part 7
韩国主题游
精选

NO.1 文化之旅

 过来人经验谈

 回首月落处·女·从历史深处观景

　　昌庆宫是韩国古代王妃的宫殿，位于昌德宫不远处，著名的仁显王后曾经就住在这里。宫内景色很好，游客也比较少，如果有时间的话一定要在这里散散步，感觉非常好。

　　参观青瓦台的时候，有好多韩国的大妈大婶和小学生，一路上叽叽喳喳的，弄得导游都有些无奈。青瓦台里不分人行道和车行道，为安全起见，要求参观时必须两人一排走成一队，大妈们走着走着就散了。之前听说参观青瓦台发杯子，可能我们这次主要是大妈吧，发的都是小钱包，小朋友们发的是地球仪。

景福宫

　　景福宫（Gyeongbok Gung，경복궁）得名于《诗经》中"君子万年，介尔景福"，是朝鲜王朝时期韩国汉城五大宫之一。宫殿有四个大门，东面是建春门，西面是迎秋门，南面是光化门，北面是神武门。宫内勤政殿、庆会楼的建筑风格非常独特，可以感受到李氏王朝曾经的大气与辉煌。

- **地址**　首尔市钟路区世宗路 1 号
- **交通**　乘地铁 3 号线在景福宫站下车可到
- **网址**　www.royalpalace.go.kr

北村韩屋村

北村韩屋村（Bukchon Hanok Village，북촌한옥마을）是一个非常典型的韩屋聚落，因地处首尔市中心以北而得名。这里集中着众多的传统韩屋，众多设计独特的餐厅、展示各种韩国传统文化的博物馆、别具特色的美术馆散落在古色古香的小巷子中，漫步其中，能切身感受到浓浓的历史氛围。

- **地址** 首尔市钟路区桂洞 105 号
- **交通** 乘地铁 3 号线在景福宫站下车，步行约 10 分钟可到
- **网址** www.bukchon.seoul.go.kr

青瓦台

青瓦台（Cheongwadae，청와대）因其青蓝色的屋瓦，又被称作"蓝宫"。它是韩国的政治中心，是韩国总统的官邸。青瓦台由中央的主楼、迎宾馆、绿地园、无穷花花园、七宫等韩国传统风格建筑组成。其中，绿地园以其四季景色的多样变化而出名，有机会不妨去看一看。

- **地址** 首尔市钟路区世宗路 1 号
- **交通** 从景福宫的神武门出来，对面即是青瓦台，或乘地铁 3 号线景福宫站下车，步行可到
- **网址** www.president.go.kr

tips

1 参观需预约

参观青瓦台需要提前预约，预约手续十分简单，但需要提前 10 日通过电子邮件递交申请，在邮件中需要写清楚姓名、护照号码、参观日期等信息。随后会收到答复，告知参观青瓦台的乘车地点以及参观时需要注意的事项等信息，最好打印出来并牢记预约号。

2 入场需提前

在预约参观的当日，最好提

前 10 分钟左右到达青瓦台，会有工作人员对参观者的身份进行审核。

3 安检需配合
进入青瓦台需要过安检，液体禁止入内。

4 拍照需谨慎
青瓦台内部并非所有地方都能拍照，只有在工作人员说明可以拍照的地方才可拍照，但是禁止录像。

庆熙宫

庆熙宫（Gyeonghuigung，경희궁）是李氏朝鲜时代的宫殿，其最大的特色便是依山而建，使得整个宫殿看上去层次分明。这座宫殿保留有兴化门、禁川桥、崇政门、资政门、泰宁门等建筑。现在的庆熙宫作为首尔市立美术馆的分馆使用，首尔历史博物馆也在宫内。

- **地址** 首尔市钟路区新门2街1-126号
- **交通** 乘地铁5号线在光化门站下，从7号出口出，步行可到
- **网址** www.cgcm.go.kr

甘川洞文化村

甘川洞文化村（Gamcheon Culture Village，감천문화마을）是釜山最著名的景点之一，这里随处可见充满文艺气息的建筑。房屋像是彩色的积木，到处都有风格不一的壁画，还有屋内的摄影图片、举办艺术展的文化空间等可供参观。但是艺术村的道路上台阶很多，前来参观需要提前换上舒适的鞋子。

- **地址** 釜山市沙下区甘川洞
- **交通** 釜山地铁1号线土城洞站6号出口，在忠武路交叉路口换乘17路公交车到甘川洞文化村下车步行可到
- **网址** www.gamcheon.or.kr

管家提示

景福宫售票处开放时间：3~10月9:00~18:00，11月至次年2月9:00~17:00，周二休息。可提供中英日解说服务，持门票可免费参观国立古宫博物馆和国立民俗博物馆。

NO.2 拥抱自然之旅

过来人经验谈

匆匆年少·女·来去总是太匆匆

在济州岛城山日出峰的入口站下了车，沿路步行，在街边的小商店里买了一些济州特产，老板还热心地送了我好多散装的巧克力，拿着东西不方便爬山，所以就寄存在店里。后来在入口处的商店里也看到了同样的特产，价格要略微便宜些。另外，在入口处的街边有很多海鲜餐馆，但是价格很贵，不推荐在那里吃饭。

米粒儿·女·90后·旅行狂人

济州岛据说有两处柱状节理带，我去的是比较大的一处，景区外边有一个大海螺的雕塑。柱状节理具有非常特殊的地质景观，个人觉得是济州岛必看的景点。另外，还有山君不离也要去，名字非常美丽，很多攻略上说冬天可以忽略此处，可是我看其他人冬日的游记照片，觉得依然喜欢，冬天里去过之后还是很喜欢。我们去的日子风非常非常大，必须要做好防寒保暖准备。

PART 7 韩国主题游精选

汉拿山

汉拿山（Mount Halla，한라산）是韩国最高的山峰，这里的美景一年四季各不相同。春天这里鲜花盛开，色彩缤纷；秋天则是漫山红叶，层林尽染；到了冬天，大雪覆盖的汉拿山更是绝景中的绝景。汉拿山的登山路线非常多，在山顶可以俯瞰周围的火山和远处的海景。

- **地址** 济州道济州市海岸洞山 220-1 号
- **交通** 从济州市长途巴士站或 516 国道汽车站乘坐郊外汽车，在城板岳入口下车可到；或从济州市长途巴士站乘坐开往奥利木的郊外汽车，在奥利木入口下车可到
- **网址** www.hallasan.go.kr

tips

汉拿山登山路线				
名称	主要道路	出发地点	济州车程	中文车程
御里牧登山路	1139 号道路（1100 道路）	御里牧探访咨询中心	需 35 分钟	约需 50 分钟
灵室登山路	利用济州 1139 号道路（1100 道路）	灵室探访咨询中心	约需 50 分钟	约 30 分钟
城板岳登山路	1131 号道路（516 道路）	城板岳探访咨询中心	需 30 分	约需 40 分钟
观音寺登山路	1117 号道路	观音寺探访咨询中心	25 分钟	约需 50 分钟（公交线路仅周末运行）
顿乃克登山路	1115 号道路	顿乃克探访咨询中心	约需 1 个小时	约需 25 分钟

城山日出峰

城山日出峰（Seongsan Ilchulbong，성산일출봉）位于济州道东端，是一座巨大岩石，顶部有巨大的火山喷口。它是因水中喷发活动而形成的寄生火山，也是汉拿山 360 个子火山之一。在城山日出峰顶所观赏到的壮观的日出或日落景象，是在济州不可错过的美景。

- **地址** 济州道西归浦市城山邑城山路 284-12 号
- **交通** 在济州市外巴士客运站搭乘前往城山的市外巴士在城山下车，后转搭日出峰循环巴士可到
- **网址** www.english.tour2jeju.net

龙头岩

龙头岩（Yongduam，용두암）是一块颇似龙头的石头，据说是因为 200 万年前的一次熔岩喷发而形成的。龙头岩东面的龙池，池水清澈见底，可以很清楚地看见里面的小鱼。在这里还可以看到渔女们在海底作业的场景。

- **地址** 济州道济州市龙潭洞海岸道路入口处
- **交通** 从济州国际机场乘坐机场大巴（200 路、300 路）至龙潭 2 洞事务所站下车，步行 15 分钟可到

涉地岬

涉地岬（Seopjikoji，섭지코지）是济州岛东海岸里的一个突起，又被称为涉地可支。这里海水清澈，油菜花灿烂，景色非常美。可以沿着沿海的小路漫步，欣赏壮阔大海的美景。在油菜花盛开的季节里，黄灿灿的油菜花和不远处的城山日出峰相映成辉，构成了一幅令人难忘的美丽景色。

- **地址**　济州道南济州郡城山邑新阳里
- **交通**　乘环岛公路东环线汽车，至城山邑古城里下车换出租车前往，需5～10分钟

月尾岛

月尾岛（Wolmido，월미도）与仁川陆地连接，因其为半月尾的形状而得名。岛上的月尾公园是仁川著名的消夏胜地。园中昌德宫后院的芙蓉池、满开莲花的爱莲池以及韩国传统古建筑的养真堂等都是不可错过的美景。岛上还有游乐场、咖啡厅、文化街等众多娱乐场所。

- **地址**　仁川广域市月尾岛
- **交通**　在仁川地铁站出口的公交车站乘坐2路、15路、23路、45路公交车，在月尾岛终点站下车步行可到

海云台

海云台（Haeundae，해운대）是釜山的著名旅游胜地，被誉为韩国八景之一。其蜿蜒曲折的白沙滩与苍翠浓郁的冬柏岛使得众多游人流连忘返。附近还有"迎月之路"、水族馆、东柏岛水营快艇赛场、奥林匹克园、釜山市立美术馆等景点与设施。

- **地址**　釜山市海云台区中洞水营湾内
- **交通**　可乘地铁2号线在海云台站下；或在釜山市内乘40路、139路、239路、302路等公交车可到；游客在市区中央洞乘巴士约需50分钟；在金海机场乘直达车约需50分钟；或乘东海南部线火车至海云台火车站，再步行20分钟可抵达
- **网址**　www.busanaquarium.com

太宗台

太宗台（Taejongdae，태종대）是影岛最南端的海岬，太宗台的灯塔下有一块神仙岩，传说这里曾是神仙的住所。太宗台与附近的松林、山茶树、绵连不断的悬崖峭壁，以及不远处的五六岛构成了一幅壮观的美景。影岛上还有游园地、眺望台、商店及环岛公路等设施。

- **地址**　釜山市影岛区东三2洞山29-1号
- **交通**　从釜山市区乘8路、30路、88路等公交车或坐游艇可到
- **网址**　www.taejongdae.bisco.or.kr

管家提示

韩国的自然景观各季节的变化很大，特别是济州岛由于山比较多，冬天的时候很冷，风也很大，如果打算冬天前往一定要提前做好保暖准备。

NO.3 韩剧追星之旅

过来人经验谈

 小黄人·男·父亲的肩膀是最美的翅膀

首尔的梨花洞壁画村是著名的拍照地点，带着孩子去拍各种造型奇特的亲子照片十分合适。壁画村是居民区，在这里游玩拍照一定不要扰民。

 回首月落处·女·从历史深处观景

此次韩国之行，特意去了《蓝色生死恋》的拍摄地大爷村，虽然这部电视剧已经是十几年前的了，但是在大爷村还是随处能看到《蓝色生死恋》的宣传。大爷村的花津浦海水浴场，就是电视剧中恩熙成年后第一次看到哥哥的背影并冲上去搂住的地方，也是恩熙最后死去的地方。

乐天世界

乐天世界（Lotte World，롯데월드）同美国迪士尼乐园一样被称为世界级的主题公园。刺激心跳的娱乐设施、大大的溜冰场、盖在湖面的游乐场、体验文化风情的民俗馆让整个游乐园充满了诱惑力，不论是儿童还是成人，都可以在这里构筑一个属于自己的童话故事。这里曾是《天堂的阶梯》的拍摄地，剧中的旋转木马及滑冰场的镜头均在此拍摄。

- **地址** 首尔市松坡区蚕室洞40-1号
- **交通** 乘坐地铁2号线在蚕室站下可到

仁川大学

仁川大学（University of Incheon，인천대학교）在韩国教育部推行的大学特性化工程和国际专业人才培养领域被评为"最优秀国策大学"。这里有不少中国留学生，校内还设有孔子学院。同时，仁川大学现代简约风格的校园，以及充满个性的教学楼曾在不少韩剧中出现过，其中《来自星星的你》中都教授上课的地方就是在此取景。

- **地址** 仁川延寿区119号
- **交通** 乘地铁到仁川大学站下车，步行可到
- **网址** www.incheon.ac.kr

云岘宫

云岘宫（Unhyeongung，운현궁）从严格意义上来说算不上正规的皇家宫殿，它只是高宗（朝鲜第 26 代国王）之父兴宣大院君的一处府邸，其建筑规模和气势并不亚于一般的皇室宫殿。每年的 10 月 28 日，这里都会有一个关于高宗皇帝和明成皇后婚礼的表演，场面宏大。这里也是韩剧《宫》里彩静和信生活的皇室外景取景地。

- 地址　首尔市钟路区云泥洞 114-10 号
- 交通　地铁 3 号线安国站下 4 号出口出步行可到
- 网址　www.unhyeongung.or.kr

巨济岛

巨济岛（Geojedo，거제도）是韩国的第二大岛屿，岛上自然风光与人文历史的景点相辅相成，使该岛在韩国各岛中拥有了不可替代的地位。岛上有外岛海上农园、海金刚、俘虏收容所遗址公园、玉浦大捷纪念公园以及数十个海水浴场等景点。在韩剧《来自星星的你》中都教授第一次降落的地方就是在这里取景拍摄的。

- 地址　庆南巨济市新县邑古县里 717 号地
- 网址　www.geoje-island.com

梨花洞壁画村

梨花洞壁画村（Ihwa Mural Village，이화마을）是骆山公园东侧依山而建的小村落，紧邻著名的N首尔塔。这里上上下下的台阶上画满了手绘图案，有颜色艳丽的花朵、机灵可爱的小动物等。其独特的文艺气质也让众多的韩剧在此取景，在

曾经风靡一时的韩剧《屋塔房王世子》中，王世子就曾来过这里的壁画台阶。

- **地址**　首尔市中区梨花洞432-695号
- **交通**　乘地铁4号线至惠化站（혜화）下车，经由2号出口出站后直行，在第一个路口有指示牌，沿着骆山公园方向走，到公园正门左转，沿路走约15分钟可到
- **网址**　www.seoulnavi.com

花津浦海水浴场

花津浦海水浴场（Hwajinpoho，화진포해변）位于东海的最北端，附近还有花津浦湖、名人别墅、芦苇地等众多景观。这里的海水浴场质量极高，

沙子十分细腻，光脚踩上去也会十分舒适。这里是著名韩剧《蓝色生死恋》"杀青戏"的取景地，男主角俊熙背负死去的恩熙茫然地走在海边的场景就是在这里拍摄的。

- **地址**　江原道高城郡县内面草岛里
- **交通**　在东首尔汽车客运站或江南高速汽车站乘坐开往束草的长途巴士可到

南怡岛

南怡岛（Namisum，남이섬）是一座因江水淹没而形成的半月状岛屿，这里种类多样的树林与波光粼粼的水面组成了一幅唯美的画卷。韩剧《冬季恋歌》的很多场景都是在这里取景拍摄的。

- **地址** 江原道春川市南山面
- **交通** 在仁寺洞和蚕室都有通往南怡岛的巴士，或在加平火车站搭出租车约10分钟就可到渡口，然后乘船可到
- **网址** www.namisum.com

管家提示

韩国的电视电影取景地都有很多关于南怡岛的宣传，在南怡岛上能看到很多《冬季恋歌》的剧照，可以按照剧照上的男女主角的Pose拍照。在首尔想要寻找综艺节目中出现的地方，可以在明洞、新沙洞等地逛一逛，在综艺节目中出现过的餐馆、咖啡馆等都会在店内挂出与明星的合影以及节目照片。

NO.4 博物馆之旅

> 过来人经验谈

 心野路子宽·男·去看看前面我不了解的那个世界

　　信不信由你博物馆票价是成人8000韩元，19岁以下青少年7000韩元，博物馆分为3层，每层都有自己的主题。1层主要是一些比较奇特的人和事，包括人物蜡像、故事影片、实物展出；2层要先通过一条诡异的通道，进入中世纪欧洲的监狱，在外面就能听到里面传来的阵阵凄惨的叫声，比较阴森恐怖；3层展示的是与太空有关的物品，很少见，但是比起前两层就显得有些无聊了。

 陌路·女·即便要老去，但记忆仍在

　　在济州岛玩的时间比较久，觉得岛上景点很多，强烈推荐泰迪熊博物馆，面积虽然不是很大，但是展品都比较精致、可爱，也很适合拍照，非常值得一去。

PART 7 韩国主题游精选

国立民俗博物馆

　　国立民俗博物馆（National Folk Museum，국립민속박물관）展示了韩国从史前朝鲜到 1910 年的韩国民俗历史，有韩民族生活史馆、韩国人的日常生活、韩国人的一生 3 个场馆组成。可以在参观完景福宫的宫殿之后到这里参观。

- **地址**　首尔市钟路区世宗路 1-1 号，景福宫内
- **交通**　乘地铁 3 号线到景福宫站下，从 5 号出口或安国站 1 号出口出，步行可到
- **网址**　www.nfm.go.kr

韩国国立中央博物馆

　　韩国国立中央博物馆（National Museum of Korea，국립중앙박물관）收藏有从旧石器时期到 20 世纪初的数十万件文物，涉及考古、历史、美术等诸多领域。在这里能全面了解韩国的文化与历史发展过程。

- **地址**　首尔龙山区西冰库路 137 号
- **交通**　乘地铁 1 号线或 4 号线，在二村站下车，从 2 号出口出来，往龙山家庭公园方向步行约 100 米可到

济州泰迪熊博物馆

济州泰迪熊博物馆（Teddy Bear Museum，제주테디베어뮤지엄）里有许多惟妙惟肖的熊雕塑和模型，有历史馆、艺术馆、企划展厅等展馆。在这里可以看到与朝鲜半岛百年历史相结合而制作的古董玩具熊、以《最后的晚餐》为范本制作的泰迪熊等众多奇特的泰迪熊造型。

- **地址** 济州道西归浦市中文观光路110号路31号（穑达洞）
- **交通** 从机场到中文旅游区方向，在竞马公园对面可乘坐出租前往，约需20分钟，费用在15 000～20 000韩元

国立古宫博物馆

国立古宫博物馆（National Palace Museum of Korea，국립고궁박물관）位于景福宫内，致力于传播和保存朝鲜王室灿烂的文化。博物馆共分为12个展厅，每个展厅都拥有数量众多的宫廷用品，这些物品的历史跨度从朝鲜王朝至大韩帝国，是了解韩国宫廷生活的绝佳去处。

- **地址** 首尔市钟路区世宗路1-1号，景福宫内
- **交通** 乘地铁3号线到景福宫站下，从5号出口或安国站1号出口出步行可到

信不信由你博物馆

信不信由你博物馆（Jeju Ripley's Believe It of Not，믿거나말거나박물관）是一家著名的主题博物馆，馆内主要展示了探险家罗伯特·李普利在周游世界的时候所收集到的各种奇特的物品。所展示的每件藏品背后都有精彩的故事，是游客们了解世界奇特之处的好地方。

- **地址** 济州特别自治道西归浦市中文观光路110号巷32号
- **交通** 在西归浦市内乘坐9、10路市内巴士或100、110、120、130路座席巴士，在旅游园区入口下车
- **网址** www.ripleysjeju.com

国立大邱博物馆

　　国立大邱博物馆（Daegu National Museum，국립대구박물관이다）位于大邱市，这里的藏品主要为与大邱和京畿北道的文化遗产相关的文物，其中以佛教雕塑品、佛教工艺品、高丽青瓷等为主。

🏠 **地址**　　大邱寿城区 Hwanggeum 1-70 号

🚌 **交通**　　乘坐循环 3、循环 3-1、349、414、414-1、427、449 等路公交车可到

🌐 **网址**　　www.daegu.museum.go.kr

 管家提示

韩国博物馆推荐			
中文名称	韩文名称	地址	交通
韩国电影博物馆	한국영화박물관	首尔市麻浦区世界杯北路 400 号韩国影像资料园	上岩中学十字路口处右转后，从 DMS 大楼后的文化产品中心（韩国影像资料园）停车场内进入
韩国历史博物馆	대한민국역사박물관	首尔市钟路区世宗大街 198 号（世宗路）	乘坐首尔地铁 5 号线，光化门站 2 号出口出，步行约 250 米可到
首尔药令市韩医药博物馆	서울약령시한의약박물관	首尔市东大门区旺山路 128 号龙头洞	乘坐首尔地铁 1 号线，祭基洞站 3 号出口出，步行 3 分钟可到
梨花女子大学博物馆	이화여자대학교박물관	首尔市西大门区大岘洞梨花女子大学（大岘洞 11-1 号）	乘坐首尔地铁 2 号线，梨大入口站，下车步行 5 分钟可到
儿童博物馆	어린이박물관	首尔市钟路区三清路 37 号（世宗路）	乘坐首尔地铁 3 号线，景福宫站 5 号出口出，步行可到
北村生活史博物馆	북촌생활사박물관	首尔市钟路区北村路 5 号街 90 号（三清洞）	乘坐首尔地铁 3 号线，安国站 1 号出口出，从永丰文库前左边入口到正读图书馆入口，图书馆左边胡同中可看到丝绸之路博物馆的标志，步行 6 分钟即到
国立海洋博物馆	국립해양박물관	釜山市影岛区海洋路 301 街 45 号（东三洞）	影岛步行可到
釜山博物馆	부산박물관	釜山市南区 UN 和平路 63 号（大渊洞）	乘坐釜山地铁 2 号线，大渊站 3 号出口出，步行 10 分钟左右可到

NO.5 疯狂购物之旅

过来人经验谈

 小黄人·男·父亲的肩膀是最美的翅膀

在首尔特意去了江南区，感受一下江南 Style，首尔所谓的富人区也聚集在江南一带。位于江南区的新沙洞林荫道云集了各种时尚店铺、餐厅及咖啡店，在这里时常能遇到街拍的平面模特，号称首尔最值得逛的街道。

 米粒儿·女·90后·旅行狂人

梨大的正门是开放式的，不像国内的大学设有铁门护栏等设施。正门所在的街道就是著名的"梨大时尚街"，以硕大的粉色高跟鞋为标志，街内分布着综合商场、化妆品、服装、文具、餐馆等各式各样的店铺，整条街内的商业店铺的开业时间是10:30，去早了就只能像我一样坐在马路边看美女了。

明洞

明洞（Myeongdong，명동）是首尔最繁华的地方，也是一个多元化的时尚区域。在这里有众多的商场、百货商店以及品牌专卖店等购物场所，还有众多的小吃店、特色餐馆等设施，是前往韩国购物不能错过的地点。

- **地址** 首尔中区明洞
- **交通** 乘首尔地铁2号线，在乙支路入口站下车，从5号出口出来；或乘坐地铁4号线，在明洞站下车

PART 7 韩国主题游精选

东大门

东大门（Dongdaemun，동대문동）原来叫兴仁之门（Heunginjimun），是首尔城墙东面的大门，这里是亚洲规模超大的批发市场之一。在这里可以以低廉的价格购买到人参、服饰、玩具、首饰等诸多种类的商品。需要注意的是，在东大门批发区购买服装时，不能试穿。

- **地址** 首尔市钟路区钟路 6 街东大门
- **交通** 乘地铁 2 号线在东大门体育场站下，从 1 号口出步行 15 分钟即可；乘地铁 4 号线在东大门体育场站下，从 4 号口出步行 5 分钟可到
- **网址** www.korean.visitkorea.or.kr

新沙洞林荫大道

新沙洞林荫大道（신사동가로수길）位于首尔江南区，被称为"艺术家之街"。这里有众多装潢精美的商店，其中不乏各国顶级设计师的私人服装店，另外还有众多的咖啡馆以及餐厅。每到秋季，金黄的落叶铺满整条街道，如此美景总会吸引不少游客慕名前来。

- **地址** 首尔市江南区新沙洞
- **交通** 乘坐首尔地铁 3 号线在新沙洞下，步行可到

梨大时尚街

梨大时尚街因位于梨花女子大学（Ewha Womans University，이화여자대학교）附近而得名。青春靓丽的女大学生们给这条原本普通的街道带来了时尚的气息。现在的梨大时尚街指的  是以梨花女子大学为中心向外辐射的一大片街区，在这片街区内，拥有众多设计时尚、风格前卫的商场、商店以及咖啡馆、小剧院等设施。而服装、鞋子、饰品等女孩们的消费品也是这里最受欢迎的商品。

- **地址** 首尔西大门区梨花女子大学附近
- **交通** 乘地铁2号线至梨大站下车，步行可到

南浦洞

南浦洞（Nampodong，남포동거리）是釜山国际电影节的重要舞台，在其附近有著名的BIFF广场以及众多的商场和剧场。每年10月，南浦洞街大大小小的剧场开始上映电影节的作品，而周围的商店也会开始出售各种与电影相关的产品，想要购买与电影有关的纪念品，来这里就对了。

- **地址** 釜山市中区南浦洞
- **交通** 乘8、13、15、310路等公交车在南浦洞下车或乘地铁1号线在南浦洞站下车，步行可到

管家提示

韩国很多购物地点都有自己的特色，或清新高雅，或火辣时尚。无论是不是有购物的需求，在这些地方逛一逛能感受到扑面而来的韩国潮流，也不失为了解韩国、充实旅行的好选择。

Part 8
突发情况 从容应对

NO.1 物品丢失

过来人经验谈

 匆匆年少·女·来去总是太匆匆

在韩国旅行的时候，没丢什么东西，只是中间有一次差点把同行的小姑娘给弄丢了，把我们吓得惊慌失措，好在后来她自己回了酒店，总算是虚惊一场。

发现同伴不见了之后，我们先是在周围找了一圈，没有找到。"Wi-Fi蛋"在我的身上，小姑娘没有网络，我们就联系不上她了。后来我问地铁站类似广播站的地方能不能播个寻人启事，工作人员说广播只是播地铁进站的音乐的，我人还是要去地铁站办公室。我不到办公室，于是问了一个保安模样的年轻人，他帮我们找到了办公室。办公室的工作人员不太会英语，于是打电话到旅游发展局找了个会说中文的工作人员帮我解决语言不通的问题。很快，办公室的工作人员同意让我们翻查半个小时前的录像，通过录像看到那个小姑娘找不到我们，自己坐车走了，我们就赶紧回酒店，总算结束了这场"战斗"。

★ 护照丢失

在韩国的旅行途中如果不慎将护照丢失的话，首先要到当地的警察局报案，然后凭借报案凭条，前往当地的驻华使领馆办理临时旅行证以继续自己的行程，在回国后再补办护照。如果在该地点停留时间较长，也可以直接补办护照。

★ 信用卡丢失

出行前应当将自己携带的信用卡扫描复印，在信用卡不慎丢失后可凭借复印件上的卡号与电话，及时联系到发卡行，办理挂失与补卡。一般情况下，信用卡在境外的补办比较麻烦，建议提前准备一张备用卡，与日常使用的信用卡分开存放，在信用卡不慎丢失的时候，不至于影响自己的行程。

★ 行李丢失

在行程中会有很多原因导致自己的行李丢失，在行李丢失后一定要沉着冷静，努力寻找。如果是在乘车时不慎将行李落在车上，可以给当时所乘坐的出租车或公交车、地铁等相关运营公司打电话，询问是否有人捡到自己的行李。另外，在乘坐出租车的时候，要养成索要收据的习惯，这样万一有行李落在出租车上，能够更方便地找到自己所乘坐过的车辆。

如果行李在航班托运过程中丢失，则一定要到机场的问讯处或是所乘坐航班的咨询台询问航班相关信息，填写行李丢失单，并且一定要将行李丢失单的编号和受理行李挂失的空乘人员的名字等信息记录下来。可以用手机拍一张行李丢失单的照片。记下能够咨询丢失行李寻找情况的电话后，就可以等待航空公司的寻找结果了。如果行李确实丢失，则可以向航空公司索赔。但如果没有购买行李保险的话，航空公司一般只会赔偿行李箱的等值金额。

★ 遇到小偷

在韩国的旅行途中需要自己小心保管好随身物品，如果不小心遇到小偷，自己的行李或是财物丢失，则首先要在周围查看一遍，看看小偷是否将钱财拿走后，将护照、银行卡等物品随手扔进了垃圾桶里。然后要赶快前往附近的警察局报案，并办理补办护照、银行卡等事宜。

管家提示

遇到物品丢失的时候，先不要惊慌，可以向酒店、车站的工作人员询问是否有人捡到。在韩国如果你的物品单独放在外边，是很有可能被热心的韩国人送到"失物招领处"的。可拨打1330旅游咨询翻译热线，有中文接线员可帮忙翻译。

PART 8 突发情况从容应对

NO.2 身体不适

 过来人经验谈

 匆匆年少·女·来去总是太匆匆

今年夏天，我和家人一同前往韩国旅行游玩。在出国前，我准备了一些感冒药装进行李箱内。原本我的身体素质非常好，可是到了国外后，我不太适应那里，在韩国玩了两天就感冒了，发烧、咳嗽。我吃了几次感冒药，但是仍然不见好转，于是就在当地的医院看了一下，打点滴以后才有所好转。

★ 说说韩国医疗

韩国的医疗费用相对较低，一般医院都不会直接出售药品。医生会对前来看病的病人进行诊断后，开具处方，病人持处方到药店自行购买药品。韩国的药店很多，且不少都是24小时营业的，十分方便。

★ 食物中毒

韩国人喜食生冷食物和泡菜，例如活章鱼等。没有经过处理的海鲜可能带有病菌，处理不好或者发酵时间不够的泡菜也可能含有大量的亚硝酸盐等物质，如果不小心食用了这些物品，很有可能会导致食物中毒，轻则恶心呕吐、拉肚子，重则可能会导致休克甚至窒息等症状。食物中毒后如果只是轻微不适，可以自行催吐或是大量喝水以达到清洗肠胃的作用，如果拉肚子，则可以喝一些淡盐水，补充体液并且还能起到一定的消炎作用。如果食物中毒症状明显，则一定要及时就医，以免延误病情。

★ 普通感冒

在旅行过程中人体较为疲惫，不小心着凉很有可能会感冒。如果只是普通的感冒，可以吃一些自己之前准备的感冒药，或是到药店购买一些感冒药，吃完药后，好好睡一觉，一般都会痊愈。如果感冒症状十分严重，还是应该及时就医。

管家提示

到韩国旅行，应随身携带换洗衣物和常用药品。避免进行危险活动，可以在韩国的公园、博物馆和沙滩等地进行观光游览。若去餐厅吃饭，应选择清淡食物，尽量不要吃过于油腻的食物。若天气炎热，外出旅行时，需随身携带遮阳伞，防止中暑。若不慎中暑，需即刻前往附近的医院诊治。

NO.3 其他突发事件

过来人经验谈

 重拾旧时光·男·与家人一起的旅行才是真正的旅行

韩国酒店、Motel、景区等的公厕中均是坐便器，纸巾、衣挂、冷热水洗手设备齐全，干净明亮，通风通气，方便时放松愉悦。韩国景区一律不得吸烟，很难找到吸烟场所，我只能在车上吮几下，而且韩国烟非常细小，一包烟的大小如同一盒火柴，每根烟相当于略粗些的牙签，两口就没了，可见其控烟的力度。

★ 迷路了怎么办

在韩国旅游如果迷路了，可以向附近的警察问路，如果没有警察，也可以向身边的路人问路。或在路边的公交车站、路牌找到该地区的地图，辨别自己的行走路线。如果是自驾到野外后迷路了，可以给租车公司打电话问路。

★ 卫生间的那点事

在韩国的热门景点游览基本不用担心找不到卫生间，如果是前往较为偏僻的村庄游览，最好提前了解一下村庄内的卫生间分布地点。另外，韩国城市内的多数车站、商场、餐厅与马路边都设有卫生间，十分方便。

管家提示

在韩国旅行游玩期间，前往某个景点游玩之前，你可以先在地图上看一下景点的具体位置，以免迷路。有些景点在公交车或地铁站附近，很容易找到，有的景点位于偏僻的地方，若迷路了，你可以向其他游客询问。询问的时候，你可以使用英语。

专题：带小孩游韩国

韩国有许多适合各年龄段小孩游玩的景点，在韩国也能经常见到带孩子出游的中国游客。由于韩国景点多数设施十分齐全，所以，带小孩游韩国并不是一件很麻烦的事情。

★ 机票

国内航空公司规定婴儿必须出生满14天后才能登机，以免呼吸器官无法适应。购买婴儿票须告知出生日期，婴儿票一般是正价的10%，没有燃油和机场建设费，没有座位。已满2周岁未满12周岁（以起飞日期为准）的儿童，按同一航班成人普通票价的50%付费，有座位。

1 座位选择

换登机牌时，提前声明自己带有孩子，尽量让工作人员安排在人少的地方或者靠舱壁的座位。带孩子时最好坐在靠边的位置，可把毛巾放在前面的地板上，让孩子在上面玩耍。

2 儿童或婴儿餐

部分国际长途飞机提供儿童或婴儿餐，需要在购票时说明需要婴儿餐，不说就没有。

3 生理安全

起飞和降落时，小孩耳膜容易受影响，可给小孩喂奶、喝水、吃东西等，尽量让小孩张开嘴，让耳膜受气压平衡就好。

4 整理清洁

若小孩需要换尿布，一定要带去卫生间处理。飞机两边的厕所，都带有婴儿更换尿布的放板。

5 随身携带物品

带好婴儿食品，以备不时之需；飞机上较干燥，带上湿纸巾。如果怕小孩哭闹，可以准备小孩平时喜欢的图画书或不出声的玩具，还可以准备一些小孩喜欢吃的零食。

tips

多数航空公司规定：2岁以下的宝宝按机票10%收费，不需要机场建设费与燃油附加费。已满2周岁未满12周岁的儿童按同一航班成人普通票价的50%付费，加上燃油附加费的50%，提供座位。另外要注意，孩子享受五折票价是固定要求，有时候比较亏，比如成年人买票时享受了2折优惠，而孩子还是得按照五折来付费。

起飞降落时的耳朵疼问题：飞机起飞和降落时虽然会对耳朵造成压力，但是不会损伤耳膜的，只是孩子会感到不舒服，尤其小宝宝，可能会因此而哭闹。其实孩子哭闹反而是一种可以缓解飞行压力的自我调节。另外，这个时候可以让孩子吃些东西，用吞咽的动作来减轻压力。

★ 游玩

带5岁以下孩子出行的时候，因为孩子体力和睡眠的问题最好带上便携的婴儿车，除了能解放父母双手外，还能顺便当购物车使用。最好给孩子准备一个防走失包，这样就能避免孩子在大人投入拍照的时候走失了。

婴儿车可以在抵达韩国之后购买二手的婴儿车，价格便宜，且多数都还很新。回国的时候如果不想带回来，可以就地转卖给商店。差价要比租用一辆婴儿车合算得多。

游玩过程中免不了要乘车赶路，给孩子预备好喜欢的动画片和零食是很明智的选择。在乘车的时候，给孩子播放喜欢的动画片，会让孩子们更高兴一些，也给父母更多的时间休息。

首尔市区的游玩行程很适合与孩子们一起，参观设施齐全的N首尔塔，顺着风景秀丽的清溪川漫步，了解景福宫、德寿宫等地的历史，在泰迪熊博物馆看最具童趣的展览等都是不错的选择。

★ 购物

韩国的大型购物超市如乐天、Emart等都备有可以租借的婴儿车、孩子们可以坐的购物车，而且购物超市内还配有育婴室，便于休息。百货商店1层的顾客服务中心还可以免费租借婴儿车。此外，还有免费供孩子们尽情玩耍的室内游乐场等便利设施。

如果想购买经济、实惠的儿童玩具及衣物的话，南大门的儿童服饰商街是不错的选择。东大门的文具街道也有不少价格低廉的文具用品。

专题：带老人游韩国

韩国的景点多数都富有历史意义，是很多老人都愿意前往的旅游目的地。韩国的旅游设施很完善，即便老人使用轮椅也能很好地游玩各大景点。

★ 游玩

对于老年人而言，一些轻松的游乐环境无疑是最适宜的，而在韩国，这样的地方可谓是数不胜数。老年朋友可以在各大公园悠闲野餐，也可以乘坐火车饱览韩国风景。主要旅游区及文化设施内对老年人实行优惠或免费入场的情况较多，但小规模业体或部分旅游区对于外国人则不予实行此优惠服务。65岁以上老人在游览可以获得此类服务的旅游区时需要出示护照等身份证明。

此外，清溪川、首尔森林、汉江市民公园、堤岛地区（周末）等旅游区及首尔市立美术馆、国立现代美术馆、国立博物馆等文化设施都兼具租借轮椅的服务，且大部分为免费，只需租借时提供护照等相关身份证明即可。

1 时间选择

对老人来说，寒冷的冬天和炎热的夏季都不太适合外出旅游，春暖花开的时节最适合老人旅游。韩国气候变化大，可根据不同城市或者景点的气候状况，选择出行时间。旅游时间不宜过长，建议以7～12天为宜。韩国的冬季很湿冷，如果前往应当注意保暖与防滑。

2 行程安排

旅游会打破老人平时的作息习惯，在行程安排上不宜太紧密，以舒适、慢节奏为主。选择目的地时，除了老人感兴趣、没去过的新鲜地

PART 8 突发情况从容应对

方外，还要考虑目的地的气候、地理条件、舒适度等要素。老人宜多玩水，少游山；多游平地名胜古迹，少一些登高涉险的活动。对身体比较好的老人，可适当安排一些难度不大的登山、戏水线路。韩国传统韩屋、茶道体验、制作泡菜等体验，以及在多种文化遗产和传统韩屋交织的城市中，享受悠闲的散步等，都是老年人不错的选择。

tips

1 出门前检查身体状况

老人出门旅游，更要根据具体状况，提前做好准备。即使是身体状况较好的老人，也建议在出门前进行一次常规体检；患有慢性病的老人，出游前可拜访一下医生，让医生鉴定自己的身体状况是否适合出游。

2 携带常用药

出门在外，生活习惯有所改变，容易引起身体不适。老人如患有高血压、糖尿病、冠心病等，要带好必要的药品。此外，还可带一些防止晕车、晕船和止泻、消炎或通便等的药品。

★ **交通**

为了便于老年人乘坐地铁，首尔大部分地铁站都设有电梯，不方便行走的老年人还可以乘坐轮椅升降梯。地铁的每个车厢内都设有老弱病残者专用座位。在公交车上下车门附近设有照顾老年人和孕妇的专用座位，一般会套着黄色或粉红色的座位套。

★ **饮食**

老人在外旅游，饮食应以清淡为主，多吃蔬菜水果。对韩国各地的特色美食，以品尝为主，不宜吃太多。吃海鲜时，肠胃不好的人要谨慎。若吃不习惯当地的菜肴，可到中餐馆吃中餐。

★ **购物**

韩国代表性的传统市场——南大门市场是适合中老年购物的地方。物品包罗万象，价格经济实惠。特别是地铁站周边的大型眼镜商街，老年人可以在这里挑选一副做工精美、质量好的眼镜。此外，喜爱金银饰品的老年人还可以在钟路3街的贵金属批发街上尽情挑选一番。地铁1号线钟路5街站，地铁1号、4号线到东大门之间的道路周边有很多销售医疗仪器的商店。针对血压、体脂肪率、血糖等状况而研制出的小型家庭用医疗仪器及电动轮椅、按摩器、体重计等用品齐全，便于挑选。

南大门市场

Part 9 附录

★ 韩国行政区划

韩国行政区划			
中文名称	英文名称	级别	首府
首尔	Seoul	特别市	中区
釜山	Busan	广域市	莲堤区
大邱	Daegu	广域市	中区
仁川	Incheon	广域市	南洞区
光州	Kwangju	广域市	西区
大田	Daejeon	广域市	西区
蔚山	Ulsan	广域市	南区
世宗	Sejong	特别自治市	扦率洞
京畿道	Gyeonggi	道	水原市
江原道	Kangwon	道	春川市
忠清北道	Chungcheongbuk	道	清州市
忠清南道	Chungcheongnam	道	洪城郡
全罗北道	JeoLLabuk	道	全州市
全罗南道	JeoLLanam	道	务安郡
庆尚北道	Gyeongsangbuk	道	大邱广域市北区
庆尚南道	Gyeongsangnam	道	昌原市
济州特别自治道	Jeju	道	济州市

★ 中国驻韩国使领馆

中华人民共和国驻大韩民国使领馆			
名称	地址	电话	网址
驻大韩民国大使馆	首尔市中区南山洞2街50-7号	062-7381038	www.chinaemb.or.kr
驻釜山领事馆	釜山广域市海云台区佑2洞1418号	051-7437985	busan.chinaconsulate.org
驻济州总领事馆	济州特别自治道济州市厅舍路1条10号	064-9008830	jeju.chineseconsulate.org

★ 韩国驻中国使领馆

大韩民国驻中华人民共和国使领馆			
名称	地址	电话	网址
驻中国大使馆	北京市朝阳区第三使馆区东方东路20号	010-85310700	chn.mofa.go.kr/worldlanguage/asia/chn/main/index.jsp
驻上海总领事馆	上海市万山路60号	021-62955000	chn-shanghai.mofa.go.kr/worldlanguage/asia/chn-shanghai/main/index.jsp
驻广州总领事馆	中国广东省广州市海珠区赤岗领事馆区友邻三路18号	020-29192999	chn-guangzhou.mofa.go.kr/worldlanguage/asia/chn-guangzhou/main/index.jsp
驻成都总领事馆	四川省成都市下南大街2号天府绿洲大厦19层	028-86165800	chn-chengdu.mofa.go.kr/worldlanguage/asia/chn-chengdu/main/index.jsp
驻武汉总领事馆	湖北省武汉市江汉区新华路218号浦发银行大厦4/19楼	027-85561085	chn-wuhan.mofa.go.kr/worldlanguage/asia/chn-wuhan/main/index.jsp
驻西安总领事馆	陕西省西安市高新技术产业开发区科技路33号高新国际商务中心19层	029-88351001	chn-xian.mofa.go.kr/worldlanguage/asia/chn-xian/main/index.jsp
驻沈阳总领事馆	辽宁省沈阳市和平区南13纬路37号003室	024-23853388	chn-shenyang.mofa.go.fr/worldlanguage/asia/chnshenyang/main/index.jsp
驻青岛总领事馆	山东省青岛市崂山区香港东路101号	0532-88976001	chn-qingdao.mofa.go.kr/worldlanguage/asia/chn-qingdao/main/
驻台北韩团代表部	台北市基隆路一段333号1506室	882-27588320 转5或6号	taiwan.mofa.go.kr/worldlanguage/asia/taiwan/main/index.jsp
韩国驻港领事馆	夏悫道16号远东金融中心5、6层	0852-25294141	hkg.mofat.go.kr/english/as/hkg/main/index.jsp

PART 9

附录

★ 韩国应急电话

韩国应急电话			
名称	电话	名称	电话
火警及救护	119	监察厅报案	1301
旅游咨询热线	1330	女性紧急热线	1366
匪警报警电话	112	寻人启事	182
外国人综合服务	1345	法律咨询热线	132

★ 韩国的世界遗产名录

韩国世界遗产名录			
中文名	外文名	列入时间	类别
昌德宫	Changdeokgung Palace	1997年	世界文化遗产
水原华城	Hwaseong Fortress	1997年	世界文化遗产
庆州历史遗址区	Gyongju Historic Areas	2000年	世界文化遗产
支石墓遗址	Dolmen Sites	2000年	世界文化遗产
韩国历史村落	Korean History Village	2010年	世界文化遗产
宗庙	Jongmyo Shrine	1995年	世界文化遗产
佛国寺石窟庵	Bulguksa Temple Grottoes	1995年	世界文化遗产
海印寺藏经板殿	Haeinsa Tripitaka Panjeon	1995年	世界文化遗产
朝鲜王陵40座	North Tomb 40	2009年	世界文化遗产
南汉山城	Namhansanseong	2014年	世界文化遗产
城山日出峰	Seongsan Llchulbong	2007年	世界自然遗产
济州火山岛和熔岩洞	Jeju Volcanic Island and Lava Tubes	2007年	世界自然遗产
汉拿山天然保护区	Hallasan Natural Reserve	2002年	世界自然遗产

★ 韩国旅游咨询服务中心

韩国旅游咨询服务中心			
名称	地址	运营时间	电话
韩国旅游发展局首尔中心旅游咨询展示馆（TIC）	首尔市中区清溪川路40号韩国旅游发展局首尔中心地下1层	9:00～20:00 年中无休/部分区域周六、周日及公休日休息	02-7299497（韩、英、日、中）
仁川国际机场旅游咨询处（东面）	仁川市中区机场路272号仁川国际机场候机楼1层5号出口	9:00～18:00（周日休息）	032-7432600-1（韩、英、日、中）
仁川国际机场旅游咨询处（西面）	仁川市中区机场路272号仁川国际机场候机楼1层10号出口	7:00～22:00	032-7432602-3（韩、英、日、中）
金海机场旅游咨询处（国际线）	釜山市江西区机场进入路108号金海国际机场国际线1层入境大厅	9:00～21:00	051-9731100（韩、英、日）
济州机场旅游咨询处（国际线）	济州道济州市机场路2号济州国际机场国际线1层入境大厅	9:00～20:00	064-7420032（韩、英、中）

★ 韩国主要地铁线路

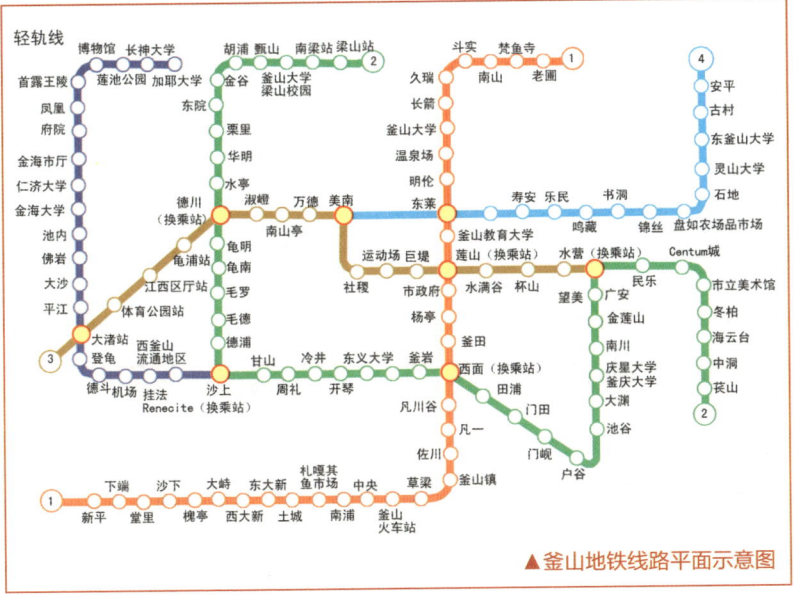

▲ 釜山地铁线路平面示意图

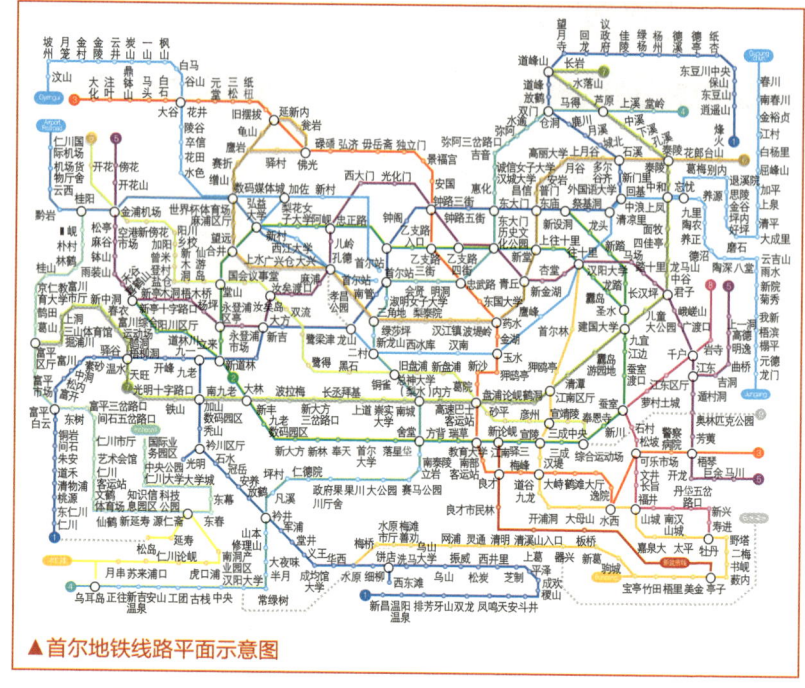

▲ 首尔地铁线路平面示意图

★ 韩国各机构运营时间

韩国各机构运营时间			
类型	工作日	周六	周日或节假期
银行	9:00 ~ 16:00	休息	休息
政府机构	9:00 ~ 18:00	休息	休息
邮局	9:00 ~ 18:00 光化门邮局 9:00 ~ 20:00	9:00 ~ 13:00 光化门邮局 9:00 ~ 18:00	休息 光化门邮局 9:00 ~ 18:00
百货商店	10:30 ~ 20:00	10:30 ~ 20:00	10:30 ~ 20:00

★ 韩国主要节假日

韩国主要法定节假日		
名称	2015 年	2016 年
元旦	1月1日	1月1日
春节	2月18 ~ 20日	2月7 ~ 9日，10日替代公休日
三一独立纪念日	3月1日	3月1日
儿童节	5月5日	5月5日

续表

名称	2015 年	2016 年
释迦诞生日	5月25日	5月14日
显忠日	6月6日	6月6日
光复节	8月15日	8月15日
中秋节	9月26～28日，29日替代公休日	9月14～16日
开天节	10月3日	10月3日
韩文日	10月9日	10月9日
圣诞节	12月25日	12月25日

★ 女性与儿童健康

女性健康

在韩国旅行，女性卫生用品很容易获得，质量也比较好，避孕药品的选择比较多，当然也可以自己携带。

在韩国气候炎热的地方，应保持良好的个人卫生习惯。可穿宽松的衣服和纯棉内裤，有助于防止真菌感染。尿道感染可能由脱水或长时间乘坐汽车而很少有机会上厕所所致，可携带适当的消炎抗生素。

儿童健康

儿童的抵抗力、耐性较差，出门旅游，应该注意选择卫生条件好、交通方便的旅游点；选择定点旅游，避免东奔西跑，天天换酒店；选择适合宝宝游玩的安全项目。

儿童的衣物、食品、药品、手推车等，要在行前准备好。喝牛奶的宝宝，要携带多个奶瓶替换，晚上回酒店要用热水消毒洗净，而且要带热水瓶。不要让孩子吃生冷的食物，如沙律、冰水之类。

旅行时，婴幼儿可怀抱或让其坐推车，可行走的幼龄儿童要由成人搀扶。儿童好动，旅游中可能发生擦伤、跌倒、扭伤，甚至骨折，家长要密切留意孩子的举动。

在坐飞机或坐车时，要帮助或督促儿童系好安全带（婴幼儿抱在怀中），不要让孩子随便走动，防止颠簸时碰撞而受伤。儿童的情绪波动大，哭闹时有可能妨碍他人休息，所以应做好安排，如让孩子看图书、听故事。飞机起降时，儿童会感到耳朵痛，让他们喝奶、咬奶嘴、嚼糖果有助于减轻症状。

儿童旅游时，对外界的环境变化适应能力较弱，更容易对陌生环境产生水土不服的情况，发病率比成人要高，如果他们吃饭少了或是活动少了，应注意孩子是否生病。如果孩子表现得不耐烦、疲惫，或是生病时，就应该让他休息，而不应该要他带病出游。

策划编辑：马　瑞
责任编辑：张　娟

图书在版编目（CIP）数据

韩国旅行助手/《出境旅行助手》编辑部编著.——北京：旅游教育出版社，2016.1
（出境旅行助手丛书）
ISBN 978-7-5637-3283-8

Ⅰ.①韩… Ⅱ.①出… Ⅲ.①旅游指南—韩国 Ⅳ.①K931.269

中国版本图书馆CIP数据核字（2015）第268082号

韩国旅行助手

《出境旅行助手》编辑部　编著

出版单位：	旅游教育出版社
地　　址：	北京市朝阳区定福庄南里1号
邮　　编：	100024
发行电话：	(010) 65778403 65728372 65767462（传真）
本社网址：	www.tepcb.com
E-mail：	tepfx@163.com
印刷单位：	北京利丰雅高长城印刷有限公司
经销单位：	新华书店
开　　本：	787毫米×1092毫米　1/32
印　　张：	7.5
字　　数：	154千字
版　　次：	2016年1月第1版
印　　次：	2016年1月第1次印刷
定　　价：	39.00元

（图书如有装订差错请与发行部联系）